명화와 대화하는
색채 심리학

Maxie Laurencin

명화와 대화하는
색채 심리학

이지현 지음

울도국

목차

책을 펴내며

어린 시절, 아마도 초등학교 4학년이었던 것 같다. 어머니의 생신에 선물을 사기위해 문방구에 가서 보라색 꽃무늬 손수건을 사서 드린 기억이 있다. 그때 환하게 웃으시며 기뻐하시던 어머니의 모습이 너무도 생생하다. 그 후로 보라색을 보면 그 때가 생각나고 또 어머니가 떠오르면서 슬픔과 그리움으로 자리한다. 지금도 나에게 보라색은 어머니의 색이고 그리움의 색이면서 동시에 행복을 주는 색이기도 하다. 그것은 또한 그림을 그리는 필자가 작품에 보라색을 많이 사용하는 이유이기도 하다.

색채는 인간의 무의식에 존재하는 다양한 감정들의 심리상태의 표현이라 할 수 있다. 즉 작품 속에서의 색채의 표현은 작가의 무의식의 억압된 심리의 표출이다.

작가는 의식적으로 색채를 선택하기도 하지만 거기에는 무의식이 작용하여 특정 색채를 선택하게끔 유도하기도 한다. 이와 같이 의식적인 색채의 선택이든 무의식적인 유도의 선택이든 내면적인 감정이 그림 속에 투사되는 것이다. 그리고 색채를 통하여 무의식의 세계에 갇혀있던 의식을 표출해냄으로써 그러한 과정을 통하여 편안함과 안정을 찾게 된다.

괴테의 색채론에 의하면 색의 척도를 플러스 측면과 마이너스 측면으로 분류하고 플러스 측면은 빨강, 주황, 노랑이 이에 해당하며 자극적, 활발, 생동적이라 설명했는데, 이는 성격유형과 관련하면 외향에 해당한다. 반면 파랑과 보라는 불안하고 약한 색으로 내향으로 분류하였으며 녹색은 모든 색의 중간으로 중립적이고 화해와 편안함을 주는 색이라 하였다.

이것은 오늘날에도 성격을 분류하는 기준이 되고 있으며 색채의 선호도에 따라 각자의 성격을 알 수 있고, 그날의 기분상태와 바이오리듬까지 체크할 수 있다.

필자는 명화 속에서의 작가의 색채 표현을 연구하여 왔고, 당시의 시대상과 작가의 여러 내외적인 상황에 따른 심리적 변화가 작품에 어떻게 투영되며, 어떤 색채와 형태로 표출되는지를 다루고자 하였다. 또한 각 그림에 영향을 끼친 '시'도 함께 삽입하여

다소 딱딱하고 단조롭기 쉬운 문맥에 서정성을 주고자 하였다.

이 책은 총 11명의 화가들을 다루는데, 이들의 공통점을 들자면 심리적 불안, 고통, 슬픔을 그림으로 표출함으로서 치유했다는 점이다. 순탄한 삶을 산 작가는 불후의 명작을 남길 수 없는 것일까? 많은 대가들 중 대부분은 불행한 삶을 살았다.

트라우마는 일반적으로 외상 후 스트레스 장애(post tramatic stress disorder)를 가리키는데 프로이드는 이 트라우마를 강박적인 반복된 표현을 통해서 통제한다고 하였다. 즉 반복적 표현은 치유의 과정이라고 할 수 있다. 그 과정은 괴롭지만 문제의 해소를 위해 반복의 기제는 중요한 위치를 차지하는 것이다. 예를 들면 고흐의 일관된 붓 터치라든가 에곤 쉴레의 누드를 통한 사실적이며 노골적인 반복된 표현 등은 과거 또는 무의식에 존재하는 아픔과 상처를 스스로 치유하고자 하는 강박적 표출이라 할 수 있다. 색채 또한 마찬가지이다. 많은 작가들이 죽음에 임박했을 때는 그림에 갈색이 많이 표현된다. 그것은 갈색은 대지의 색으로 이제는 자연으로 돌아가고자 함이 투영되는 것이다. 또 우울할 때 청색이 많이 나타난다든가 기쁨과 희망의 표현에는 노랑과 밝은 오렌지계열이 많이 사용되기도 한다.

  필자는 명화를 통한 색채 심리와 관련된 서적이 많이 부족하다는 것을 느껴왔고 그것이 이 책을 쓰게 된 계기가 되었다. 좀 더 독창적으로 써보려는 시도는 해보았지만 아직 많이 부족함을 느낀다. 부디 이 책이 색채심리를 공부하는 분들과 그 외 관심을 갖고 계신 많은 분들께 도움이 되기를 희망하면서 끝으로 국문학을 전공하시고, 늘 글을 놓지 않으셨던, 그래서 필자에게 창작열의 연원이 되어준 어머니 영전에 이 책을 바친다.

2017년 9월
저자 이지헌

마리 로랑생 Marie Laurencin (1883~1956)

고뇌을 파스텔처럼 칠하다

죽은 여자보다 더 불쌍한 여자는 잊혀진 여자

예술가 모임 A group of artists (1908년)

그림 〈예술가 모임〉은 왼쪽부터 화가 피카소, 마리 로랑생, 시인 아폴리네르, 페르난도 올리비에 혹은 코코 샤넬을 그린 그림이다.

맨 오른쪽 인물은 자료마다 달리 말하는데 피카소의 애인인 페르난도 올리비에라고 하기도 하고 코코 샤넬이라고 하기도 한다.

마치 기념사진처럼 찍은 이 〈예술가 모임〉 그림 한 장에 많은 사연과 인연과 이야기가 숨어있다.

누가 피카소이고, 누가 아폴리네르일까? 조금만 관심 있다면 쉽게 맞힐 수 있다.

이 〈예술가 모임〉 그림에 등장하는 3명은 마리 로랑생의 일생에 많은 영향을 미친 중요한 인물들이다.

피카소와는 그림을 같이 그렸고, 아폴리네르와는 사랑하다가 헤어졌으며, 코코 샤넬과는 자존심 대결을 하며 질투와 경멸의 대상으로 남았다. 네 사람의 표정에서 이런 특징들이 잘 나타나 있다.

마리의 초기 그림은 입체파의 성향이 반영되었다. 후기에는 안 보이는 검은 테두리선이 보이고 원추형의 얼굴과 동물이 보인다. 대체로 어두운 배경과 옷을 입었고 그래서 상대적으로 얼굴이 두드러지게 밝게 보인다.

피카소, 마티스, 브라크의 구성과 색채에 영향을 받았으나 점차 이런 성향에서 벗어나 자기의 세계를 갖게 되었다.

입체파가 유행일 때 입체파에 완전히 편승했다면 피카소의 아류 밖에 될 수 없었을 것이다. 마리는 이 점을 알고 누군가의 아류가 되기보다 자신의 세계를 창조하기로 마음먹었다. 그리하여 후반기에는 입체적인 기법이 아니라 평면에 색채를 번지듯 하여 자기만의 기법으로 화사한 여성적 아름다움을 창조하다.

마리 로랑생은 태생적으로 슬픔의 요소를 가지고 있었다. 마리의 어머니는 노르망디 어촌에서 태어나 스무 살 때 파리로 와서 가정부, 식당 종업원 등을 하다가 국회의원으로 파리 세무감사관 자리에 있었던 남자를 만나 아이를 낳고 미혼모로 살아야 했다.
당시 프랑스 사회에서 간통은 죄였기 때문에 아버지가 마리를 딸로 이름을 공개적으로 올리지 않았고, 정식으로 자녀라고 내세울 수 없었다.
그러나 아버지의 배려로 마리는 여자는 입학하기 어려운 미술학교에 들어가는 행운을 얻었다. 어머니는, 마리가 교사가 되기를 원했으나 마리는 미술 쪽으로 방향을 잡았다.

1905년 마리는 피카소와 아폴리네르를 '사고'라는 화랑에서 처음 만났고 전위적 예술가들의 공동체 '세탁선'이라는 뜻의 바토-라부아르에서 같이 활동했다.
마리와 아폴리네르는 출생의 공통점이 있었는데 바로 사생아라는 점이었다. 마리와 아폴리네르는 이러한 동병상련으로 가까워졌고 5년간 사랑이 이어졌다. 둘은 서로의 예술 세계를 이해해주며 깊이 사랑했다. 마리는 아폴리네르를 만난 해에 처음 개인전을 열어 어느 정도 성공을 이루었다.

그러나 개성이 강한 둘은 자주 부딪혔다.

아폴리네르는 사생아라는 것을 감추려고 했고 마리 로랑생은 오히려 당당하게 밝혔다고 한다. 이런 것부터 해서 서로 많이 달랐던 두 사람은 자주 싸우고 사이가 좋지 않자 친구들은 두 사람을 위해 여행을 추천했다. '화해 여행'을 노르망디의 빌르키에(Villequier)로 갔지만 마리는 마음이 바뀌지 않았다.

결국 둘은 헤어졌는데 결정적으로 헤어진 이유에 대해서는 두가지 설이 있다. 아폴리네르가 결혼을 계속 미루자 마리가 화가나서 헤어지자고 먼저 이야기했다는 설과 아폴리네르가 모나리자 도난 사건과 연루되어 헤어졌다는 설이 있다.

헤어진 후, 두 사람의 심정은 조금 다르다.

아폴리네르는 '미라보 다리'라는 유명한 시에서 이별 후 심정을 이렇게 표현했다.

사랑은 흐르는 강물처럼 지나고 / 우리들 사랑도 흐른다 / 삶이 지루하도록 느리게 지나고 / 희망이 격렬하게 다가온다 / (중략) / 하루하루 지나고 달도 지나고 / 지나간 세월도 흐르고 / 떠난 사랑은 돌아오지 않고 / 미라보 다리 아래 세느 강은 흐르네 / 밤이 오고 종이 울리고 / 세월은 흐르고 나는 남았네

이 시를 해석해 보면 이렇다.

'하나의 사랑이 끝났지만 새로운 희망이 온다. 강물처럼 지나간 사랑은 돌아오지 않지만 나는 그대로 남는다. 나는 이별의 아픔으로 사라지는 것이 아니라 새로운 사랑이 올 것으로 기대하여 나는 그대로 남는다.'

아쉬운 사랑은 강물처럼 흘려보내고 사랑의 아픔보다는 미래에 새로운 사랑이 올 것으로 희망에 차 있다.

반면 마리가 쓴 '진통제'('잊혀진 여인'으로 의역됨)라는 시는 상처와 피해의식에 사로잡힌 시이다.

(생략) 오 당신은 알기를 원하나요? / 외톨이가 되는 것 보다 더 불행한 것을... / 그것은 유랑생활입니다. / 하지만 유랑생활보다도 불행한 것은 / 죽음입니다 / 죽음보다도 더 불행한 것은 / 바로 잊혀지는 것입니다

마리는 아폴리네르가 이별 후 자기를 잊지 말기를 바랐다. 그러나 아폴리네르의 시에서 사랑을 강물처럼 흘려보냈다고 하듯 곧바로 다른 여자를 만났다.

마리는 화가로 활동했지만 진정한 시인이었고 철학자였다. 잊혀진다는 것이 가장 슬픈 일이라며 사랑과 인생을 통찰했다.

영원히 기억하는 사랑은 진짜 사랑이고 잊혀지는 사랑은 가짜 사랑이라고 한다면 지나친 말일까? 진정 중요한 일, 마음에 각인된 일은 결코 잊혀지지 않는다.

누군가에게 잊혀진다는 것과 죽는다는 것은 어떤 차이가 있길래 죽는 여자보다 잊혀진 여자가 더 불쌍하다고 했을까?

죽는다는 것은 육체는 죽을지언정 정신이나 발자취는 살아있다는 뜻이다. 그러나 잊혀진다는 것은 육체는 있을지 몰라도 기억 속에 흔적도 없이 사라진다는 뜻이다. 아주 큰 차이가 있다.
우리는 누군가에게 잊혀지지 않는 하나의 의미가 되고싶어한다.

우리의 기억 속에 남아있는 마리 로랑생은 그런 의미에서 결코 슬픈 여자는 아니다. 아폴리네르에게는 잊혀진 여자일지 몰라도 우리의 기억 속에 영원히 남아있기 때문이다.

모든 사랑은 위대하다

키스 The kiss (1927년)

명화와 대화하는 색채 심리학

〈키스〉는 동성애적인 느낌이 물씬 풍기는 그림이다. 그러나 에로틱하기보다는 귀엽고 로맨틱하다. 음란하거나 퇴폐적이지 않고 아름답고 사랑스럽다. 그런 의미에서 마리의 그림은 동성애에 대한 선입견을 많이 개선해 주는 그림이다.

마리는 맥주컵 등 죽어있는 정물화를 그리기보다 살아 있는 소녀에게 큰 애착과 사랑을 느꼈다. 대부분의 그림이 소녀나 여성 둘 이상이 등장하여 서로 교감을 느끼는 자세를 취하고 있다.

동성애는 한국에서는 왜곡된 부분도 많고 좋은 시선으로 보지 않는다. 특히 기독교에서 바라보는 시각이 부정적이다. 서양 기독교에서 동성애를 죄악시 하는 이유를 설명하자면 아주 오래 전 역사적인 사실로 거슬러 올라간다.

수많은 전쟁에서 남자들이 많이 죽으니 전쟁에 참여할 사람들이 모자랐다. 남자들이 모자라는 상황에서 동성애는 자녀를 낳을 수 없다는 이유 때문에 죄로 몰았던 것이다. 여기서 우리는 반문할 수 있다.

전쟁이 더 나쁜가, 사랑이 더 나쁜가?

프로이트는 동성애자가 되는 이유를 다음과 같이 설명한다.

일반적으로 인간은 자연스럽게 이성애자로 성장한다. 하지만 예외적으로 화가 난 여자 아이는 남자를 향한 일반적인 사랑에서 변칙적으로 자신이 남자가 되어 사랑의 대상으로 어머니를 택하게 된다.

이것은 아버지에 대한 적개심과 사랑이 공존하는 감정이다. 그러나 현실의 어머니와는 사랑이 불가능하기에 애착을 가질 수 있는 다른 여성을 사랑의 대상으로 삼게 된다.[1]

마리의 현실에 적용해 보면 어느 정도 일치한다.

마리의 아버지는 죽을 때까지 이중생활을 하며 가끔씩 찾아왔지만 마리는 자신의 아버지로 느껴지지 않았다. 어머니는 죄인처럼 숨어 살아야 했으며 사회적 활동도 못하고 마치 이 세상에 없는 사람처럼 지내야 했다.

마리는 자신을 사생아로 낳은 아버지에 대한 적개심과 사랑의 이중적 감정 속에서 외롭게 숨어서 살아야 하는 어머니에 대한 연민이 생겼다. 어머니를 대체할 수 있는 여자를 사랑함으로서 불쌍한 어머니에 대한 보상을 하려 한 것이다.

마리는 실연 후, 사랑은 사랑으로 치유하라는 말을 실천하듯 1914년 독일 귀족화가 폰 바트겐과 결혼했다. 하지만 한 달 후에 1차 세계대전이 일어났다. 결혼으로 인하여 마리는 하루아침에 프랑스의 적대국인 독일인 신분이 되자 조국을 떠나 스페인으로 망명한다.

독일 화가인 남편은 결혼생활에 충실하지 않아 갈등이 많았다. 외로운 타국에서의 생활과 남편과의 갈등의 원인으로 그녀의 그림은 입체주의 성향이 보이는 인물들의 가늘고 긴 형태와 초기

---

1) 지그문트 프로이트 김명희 번역, 『늑대인간』, 열린책들, 1996

의 작품들에 비해 많은 회색조의 색채가 나타난다. 이것은 작품 속의 어둡고 침울한 분위기처럼 마리 로랑생의 내면의 상처를 나타내는 듯하다.

이 때 마리는 남자들에 대한 배신감으로 동성애적 성향을 보이며 여자들과 교감을 했다. 이러한 변화들은 그녀의 작품들에 그대로 반영되어 회색 톤의 우울하고 애수에 젖은, 또한 에로틱한 분위기의 여인의 모습을 나타내고 있다.

그녀는 독일에 머물 때 니꼴 구르(Nicole Groult)를 만나 동성애 감정을 처음 느끼게 된다. 타국에서의 외로움과 불안을 니꼴 구르를 통해 많이 해소하였다.

두 사람은 편지로 사랑과 우정을 주고받았다. 마리는 바람둥이 남편으로부터 받은 상처를 같은 여자와 교류하며 어느 정도 치유가 되고 안정을 되찾은 듯 했다.

인생 후반기에는 동성애자로 살며 위안을 많이 받았다. 그래서 마리가 그린 그림에서는 대부분 여자가 등장하는 그림이 많다.

지금으로부터 40여 년 전까지만 해도 동성애가 질병이라는 견해에서 벗어날 수 없었다. 그러나 1973년 미국 정신의학회는 '정신질환 진단 및 통계 편람'에서 동성애와 관련된 내용을 삭제했다. 동성애는 질환이나 장애, 비정상이 아니며, 정상적인 성적 지향에 속한다는 것이다. 이후 1990년 세계보건기구 WHO 역시 동성애를 정신질환 목록에서 삭제했다.

사랑은 국경과 장벽을 초월해야 한다고 생각한다. 사상, 나이, 인종, 직업, 계급을 뛰어넘어야 한다. 여기에 성별도 추가되는데 누구를 사랑하든 어떻게 사랑하든 사랑하는 것은 좋은 것이기 때문이다. 사랑이 전쟁이나 미움보다 좋다는 것은 누가에게 물어보아도 이의를 제기하는 사람은 없을 것이다.

그 후 이혼한 마리는 유럽을 전전하다 전쟁이 끝난 후 37살이 되던 1920년에야 비로소 프랑스로부터 귀국허가를 받을 수 있었다. 파리로 돌아온 그녀는 작품의 기법이 많이 변화하면서 독특한 그녀만의 화풍을 구축한다. 마치 꿈꾸는 소녀와 같이 아름답다.

그림의 색채는 포토샵에서 '블러(흐리게 번짐)' 처리한 것처럼 파스텔 톤으로 환상적 느낌을 표현하였고 여성적인 느낌이 가득차 화사하다.
부드러운 곡선이 우아하고 경계선이 없는 형태가 보이는데 이는 외로운 망명생활에서 오는 심리적 고통과 불안을 원인으로 보는 견해도 있다.[2]
동성애 느낌의 그림은 이것 외에도 더 많이 그렸는데 신비스럽고 아름답다.

---

2) 이수정, 『마리로랑생과 알폰소 무하 회화의 로맨틱 이미지를 응용한 아트 메이크업 디자인 제안 연구』, 한성대학교 예술대학원 석사 학위 논문, 2016

음악 Music (1924년)

세 명의 소녀들 Three Girls (1929년)

마리는 외로운 타국 생활에서 느꼈던 고독을 해소하기 위한 또 다른 방편으로 자화상을 그렸다. 자화상을 그리는 것은 심리적 치유가 될 수 있다. 그림을 그리면서 스스로의 무의식을 그림에 표출하여 누구에게도 말 못하는 고민이나 고통을 해소하는 효과를 본다. 즉 내면의 세계를 그대로 투영하며, 내면적 고백 등 미화해서 그리기보다는 현재의 감정을 때로는 슬프게, 때로는 도도하게, 때로는 애처롭게, 솔직한 마음을 표현하면서 자신을 대

자화상 self-portrait (1912년)

면해보면서 치유의 효과를 얻을 수 있다.

〈자화상〉에서 눈은 아몬드처럼 길고 뾰족하게 그렸고 턱도 뾰족하다. 머리카락은 아주 길게 늘어뜨렸는데 하반신까지 내려와 화폭 밖으로 나가 잘렸다. 오른손에 고양이를 들고 있는데 고양이가 가만히 있지 않고 사납게 갸르릉 거리는 것 같다.

마리의 눈빛이 살아있고 지적인 느낌이 든다. 고양이 눈빛과 닮았다. 누구든 덤비면 물어버릴 태세다.

이렇게 내면이 살아있는 모습을 스스로 그리고, 스스로 자기 모습을 감상하며 항상 힘들지 않다고 속으로 다짐했을 것이고 고국으로 돌아갈 꿈을 꾸고 있었는지 모른다.

거울에 비치는 모습 그대로가 아닌 자기가 자기에게 바라는 사항을 그림에 투영하여 자신에게 계속 힘을 주었다.

초상화에 고양이를 그려 넣음으로써 고양이와 자기를 동일시하고 고양이의 습성을 닮고자 하는 의도가 보인다.

고양이는 홀로 독립생활을 하고 높은 곳에 올라가 전체 상황을 지켜보는 습성이 있다.

누군가를 주인으로 섬기지 않고 주인을 친구로 보고 스스로 주인이 되려는 습성을 지닌 동물이 고양이다.

고양이는 호기심이 많고 자유분방하고 사냥을 하기위해 빠르게 움직인다. 마리는 타국에서의 어려움을 견디기 위해 고양이처럼 깨어 고양이처럼 민첩하게 살아있었다.

악기와 강아지와 꽃과 새

기타 치는 여자, 년도미상

개와 함께 있는 젊은 여인
Young woman with the dog (1922년)

비둘기와 함께 있는 소녀
Young girl with a dove (1928년)

마리 로랑생 그림의 가장 큰 특징은 그림에 악기와 강아지와 꽃
과 새가 자주 등장한다는 점이다.

참으로 서정적이고 따뜻하고 순수하고 환상적이다. 이런 감성
으로 살아왔기에 개인적 아픔도 이겨낼 수 있었을 것이다.

그리고 마리는 오감을 자극하는 그림을 그렸다.

연주를 할 수 있는 악기는 청각을 자극하며 마음을 치유하고 멜
로디나 리듬으로 마음을 감싸고 다독인다.

강아지는 털을 쓰다듬으며 촉각을 살려주는 동물이다. 살아 움
직이는 생명체이기에 요즘 혼자 사는 외로운 여자들이 많이 강아

지를 키우며 위안 받는 것처럼 스킨십은 혼자 사는 사람들의 가장 큰 위로의 감각이다.

꽃은 시각적인 만족을 주는 생명체로, 움직일 수는 없지만 후각을 자극하는 향기가 있어서 두 가지 감각을 일깨우는 교감대상이다.

새는 청각으로 교감할 수 있고 하늘을 난다는 점에서 인간의 유한한 부분을 보완해주는 동물이며 환상적인 꿈을 꾸게 만들어 주는 동물이다.

이렇게 오감을 자극하고 감각적이며 감성적인 측면으로 다가와 마음을 안정시키고 편안하게 해준다.

분홍, 빨강의 자극적인 색채를 회색으로 안정화시켜, 고명도의 색채가 차분히 가라앉으면서도 지적인 느낌으로 다가온다.

작고한 어떤 유명 패션 디자이너의 말대로 '엘레강스하고, 환타스틱하고, 럭셔리하고, 로맨틱하고, 퍼펙트하고, 화사한' 꿈을 꾸듯 환상적인 이미지이다.

마리의 자연친화적 면이 우리를 치유해 준다. 그 이유는 사람은 자연으로 돌아가고 싶은 본능이 있기 때문이다. 인간도 넓게 보면 자연의 일부이기에 자연과 접하면 편안하고 행복해지는 것이다.

이런 마리 로랑생의 그림을 굳이 분류하자면 입체파는 결코 아니고 '마리 로랑생파'라고 할까. 마리 로랑생의 그림은 그만큼 독특하고 자기 세계를 만들었다.

나를 열광시키는 것은 그림 뿐

샤넬 부인의 초상화 Portrait of Mademoiselle Chanel (1923년)

'샤넬'이라는 명품 브랜드의 창시자 코코 샤넬이 마리에게 초상화를 의뢰했을 때 마리는 러시아 발레단의 무대와 의상을 제작하고 있을 정도로 인정받고 있었다. 이들은 1883년생으로 나이가 동갑인데 같은 프로젝트를 하면서 알게 되었다.

사업가적인 마인드의 샤넬과 예술가 마리의 만남은 순조롭게 이어졌을까?

답을 말하면 상업적인 정신과 순수예술의 정신은 불협화음이 일었다.

상업 미술에서는 보통 의뢰받은 고객의 마음에 들게 제작하는 것이 상식이다. 상업 미술은 기본적으로 예술이 아니고 예술기법을 활용한 상업적 활동이기 때문이다.

샤넬은 초상화를 의뢰할 때 상업적으로 미화된 그림을 원했을 것이다. 기왕이면 더 예쁘게 더 고귀하고 더 품격있게.

그러나 예술가 마리는 자기의 화풍을 유지하며 자신이 알고있는 샤넬의 내면의 고뇌까지 그려 보냈다. 그러나 샤넬은 마리가 그린 그림을 받지 않았다. 우아하고 아름답게 포장된 모습이 아닌 우울하고 몽환적인 분위기가 마음에 들지 않았으리라.

상업적인 일이라면 다시 그려야 마땅하겠지만 마리는 예술가 정신을 내세우며 자존심을 꺾지 않았다. 마리는 순수예술만 하지 않고 카펫, 벽 문양 등 상업적인 활동을 했음에도 초상화만큼은 자기의 예술 세계를 지키려고 했다.

마리의 이런 태도는 요즘 밥벌이 때문에 상업적 활동을 하면서 갈등하는 예술가들에게 지침을 내려주고 있다.

샤넬이 사업가적인 마인드로, 예술가에게 초상화를 의뢰한 것부터 잘못 끼워진 단추이다. 샤넬은 고급스럽게 포장된 모습을 원했으나 마리는 응어리지고 고뇌하는 인간의 내면을 들춰내어 진실을 추구하다 보니 샤넬이 원하는 것과 맞지 않았던 것이다.

샤넬은 일하는 여성을 위한 단순하고 실용적인 정장으로 당시 패션의 혁명을 일으켰는데 이런 이미지와 고뇌하는 이미지는 거리가 멀었던 것이다.

초상화 그림을 보면 고집 세고 자의식이 강한 이미지면서 초점없는 눈으로 우울한 표정의 샤넬은 상반신의 반이 노출되었고 새와 포메라니안 강아지를 통해 위안을 얻으려는 나약한 이미지로 보인다.

샤넬은 나중에 부자가 되었지만 어렸을 때는 가난했고 고아원에 버려졌다. 재봉사로 일하다가 카페에서 노래도 부르다가 부유한 남자의 정부(情婦)가 되었다.

정부(情婦)는 한자라 느낌이 잘 안 오기에 영어로 표현하면 섹스 파트너이다. 또 다른 말로 하면 첩(妾), 내연녀, 제2의 부인이다.

반면 마리는 정부(情婦)였던 어머니 손에 자랐다.

처지는 비슷하지만 화려하게만 꾸미고 어두운 내면을 감추려고 하는 샤넬에게 마리는 그림으로 하고싶은 말을 했던 것으로 보인다.

불편한 내면을 솔직하게 보여주는 것이 예술이라고.

마리 로랑생은 평생을 혼자 살다가 73세로 홀로 쓸쓸히 세상을 떠나기 2년 전, 하녀가 낳은 사생아 '스잔 모로'를 입양한다. 자신도 사생아였기에 이에 대한 책임감을 느껴서인 것 같다.

마리 로랑생은 유언대로 하얀 드레스를 입고 한 손에는 빨간 장미를 들고 가슴에는 아폴리네르의 편지를 안고 숨을 거두었다.

아폴리네르의 유명세에 가려 재능을 제대로 인정받지 못한 마리 로랑생은 여자가 아닌 예술가가 되기를 원했다.

눈동자 없이 검은색으로 칠해진 눈처럼 오묘하게 세상을 그리며 살아간 자취가 100년 후 여성들에게 힘을 주고 환상을 충족시켜 준다.

로트렉 Henri de Toulouse Lautrec´ (1864~1901)

결함은 너무 멋진거야

어머니를 향한 지독한 사랑

로트렉 백작 부인의 초상 (1886년)

로트렉은 프랑스 남부 프로방스 귀족 가문의 장남으로 태어났다.

로트렉의 어머니와 아버지는 이종사촌 관계였다.

1878년 5월 로트렉이 14살 되던 해 어느 날 보스카 저택에서 왼쪽다리의 뼈가 부서지는 사고를 당했는데, 몇 달 후 오른쪽다리마저 골절상을 입어 하반신 성장이 멈추는 비운을 맞게 된다.

현대 의학에서는 이렇게 작은 사고에도 골절이 되어 발육이 정지되는 의문에 관해 부모의 근친결혼으로 인한 농축이골증(pyknodysostosis)이라는 유전병으로 진단하고 있다. 그는 성인이 되어서도 152cm로 키가 멈추었다.

로트렉은 어머니를 모델로 그림을 많이 그렸으나 아버지를 그린 것은 극소수에 불과하다. 로트렉은 자신의 신체적 장애로 인한 심리적 갈등이나 사회에 대한 반감 등의 심리가 작품에 그대로 드러나는데, 그 중 어머니에 대한 사랑과 아버지에 대한 적개심이 작품에 반영 되어 있다.

〈로트렉 백작 부인의 초상〉 그림 속의 로트렉의 어머니는 무표정으로 책을 읽고 있다.

로트렉은 실제의 모습을 가감하지 않고 그대로 그렸다. 어머니를 그린 다른 그림도 역시 우울한 얼굴에 표정이 밝지 않다. 어머니는 밖으로만 나도는 아버지 때문에 괴로워했고 혼자 있는 시간이 많아 외로움에 지쳐 주로 책을 읽으며 지냈다.

귀족 신분이지만 남편과 그로부터 얻은 아들 사이의 비극적인 운명의 슬픈 여인의 모습을 로트렉은 어머니의 초상화를 통해 표현하고 있다.

그녀는 아들의 신체적 장애를 자신의 탓으로 돌리고 평생을 자책하며 살아야했고, 아들의 유일한 친구가 되어 주었다.

어머니는, 장애인이 된 로트렉이 그림을 계속 그릴 수 있도록 몽마르트에 집을 얻어 함께 살았을 정도로 자식을 위해 세심하게 배려했고 헌신했다.

로트렉은 자신의 예술적 재능을 믿고 보살펴 준 어머니를 생의 최고의 여성으로 표현했다.

아버지는 로트렉이 태어난 날에도 사냥을 나가 돌아오지 않았고 로트렉이 다치자 아예 돌보지 않고 아들로 여기지도 않았다.

로트렉은 홀로 고독하고 외롭게 보내는 어머니에게 연민과 사랑을 느꼈으리라.

〈로트렉 백작 부인의 초상〉은 의식, 무의식적으로 보색 대비를 통해 감정이나 의도를 표출하고 있다. 검정색과 흰색, 그리고 초록색과 빨간색의 대비가 보인다.

밝은 배경에 검은 정장을 입은 어머니가 두드러지게 보이는데 이는 엄숙함과 우울감을 동시에 나타내고 있다. 검은색은 불안, 침체, 죽음 등을 상징하고 흰색은 순수성, 평화, 완성을 상징한

다. 3)

로트렉은 다른 여자에게는 진정한 사랑을 주지도 않고 어머니에게 의존했고 어머니의 사랑을 갈구했다. 그는 어머니를 정신적인 지주로 생각했다.

우리는 의지하던 것이 사라졌을 때 상심하여 실의에 빠지고 급기야 무너져 버린다. 사랑하다가 실연을 당했을 때도 마찬가지이다.

이 때 슬기로운 대처법은 어떤 것에 모든 것을 전적으로 의지하기보다는 자신을 믿고 의지를 내부에서 키워야 한다.

종교를 믿을 때도 너무 맹목적으로 믿으면 본래의 목적을 잃어버리고 심하면 광신도가 되어 사회적으로 문제를 일으킬 수 있다.

역사적으로 나타나는 종교 전쟁이 바로 이런 결과로 인한 것이다. 자기 종교가 절대 진리로 믿고 자신을 온전히 던져버림으로서 사랑을 외치는 종교가 서로를 죽이는 아이러니가 나타나는 것이다.

로트렉은 아버지를 대상으로 그림을 많이 그리지 않았다.

그것은 아버지로부터 받은 상처가 무의식 속에서 회피와 경멸로 자리잡은 것이라 할 수 있다.

---

3)지그문트 프로이트 김명희 번역, 『늑대인간』, 열린책들, 1996

4두마차를 모는 알퐁스 드 툴루즈-로트렉 백작 (1881년)

그림 〈4두마차를 모는 알퐁스 드 툴루즈-로트렉 백작〉은 아버지의 활동적이고 호탕하고 사냥을 좋아하고 늘 돌아다니는 순간을 그린 것이다.

헌신적이고 따뜻한 어머니와는 대조적인 아버지에 대한 감정은 남근기 때부터 해결되지 못한 오이디푸스의 콤플렉스가 잠복되었을 것이다. [4]

프로이트는 오이디푸스 콤플렉스를 성적 억압으로 설명하지만 아들러는 좌절된 사랑의 욕망을 보상받기 위한 심리로 표현한다.

4) 윤정미, 『로트렉의 그림에 나타난 정신의학적 분석』, 우석대학교 미술치료 학위논문, 2008년

아들러 이론으로 보자면 로트렉의 경우, 부성애의 부족으로 인한 반대급부로 모성애를 갈구한 것으로 보인다.

그림 〈4두마차를 모는 알퐁스 드 툴루즈-로트렉 백작〉은 아버지의 부재와 부정적 심리가 잘 담겨있다. 아버지 옆에 빈자리가 어색하게 텅 비어 있는데 그 자리는 원래 로트렉이 있어야할 자리다. 아버지와 거리감을 느끼는 로트렉의 무의식을 보여주는 것이다.

유난히 공간이 크게 비워져 있어 간접적으로 멀어진 아버지와의 사이를 알려주고 있다.

로트렉이 죽어갈 때쯤에야 오랜만에 아버지가 찾아 왔다. 아버지는 슬퍼하지도 않고 죽기 전에 아들의 수염을 잘라야 한다는 이상한 말을 했다. 그런 아버지를 보고 로트렉은 말했다.

'아버지, 늙은 바보 멍청이.'

장애와 예술의 관계는?

소파 The sofa (1894~1896년)

로트렉은 주로 매춘부들과 어울리고 육체관계를 맺었다. 아무
래도 일반 여성들은, 신체장애를 지닌, 키가 작은 로트렉에게 관
심이 없었을 것이다. 혹은 로트렉이 자격지심을 가지고 여자에
게 접근하지 못했거나 않았던 것 아닐까도 생각된다.

로트렉이 그린 그림을 보면 잠재의식 속에 여자에 대한 피해의
식이 있는 것으로 짐작할 수 있다.

화장하는 여자 (1896년)   쉬고있는 여자 (1889년)

〈화장하는 여자〉는 뒤돌아서 등을 보이고 있다. 그림 속의 여자는 화가가 싫어 외면하는 것처럼 보인다. 그러나 실제로 로트렉이 싫어서 돌아섰다고 생각하지는 않는다. 그 수많은 장면 중에서 로트렉이 포착하여 그린 그림은 로트렉의, 여자에 대한 무의식적인 내면이 들어있는 것이다.

그는 육체적인 장애로 인해서 정신적으로 위축된 삶을 살았다. 정면이 아닌, 등을 보이는 자세의 모델을 통하여 여자에 대한 강박증적 심리가 나타난다.

〈쉬고 있는 여자〉도 역시 뒷모습을 그리고 있다.

로트렉은 마음에 드는 여자가 있으면 뒤에 앉아도 되냐고 물어보고 주로 뒤에 앉았다. 원래 밝은 성격의 로트렉도 좋아하는 여자가 자신의 외모를 보면 거부할 것 같아 스스로 방어막을 친 것이다.

　술집에서는 장애에 대해 편견이 없었다. 키 작은 것도 그냥 하나의 개성적인 특징으로 보았다. 귀족사회에서 보여준 위선과 권위가 없이 순수한 인간의 아름다움이 있었다.
　로트렉은 이점이 좋아 몽마르트에 있는 '물랭루즈'(빨간 풍차)라는 카바레에 자주 드나들며 많은 사람과 어울리고 그림을 그렸다.
　로트렉은 말했다.
　"나는 물랭루즈에서 내 키와 비슷한 이들을 만날 수 있었다."
　로트렉은 비유법을 썼는데 여기서 키는 신체적 키를 말하는 것이 아니라 자신의 처지와 같은 상처받고 사회적으로 낮은 신분이지만 솔직한 사람들을 말하는 것이다.
　로트렉은 댄서, 매춘부, 가난한 예술가들에게 동질감을 느꼈다. 이렇게 밑바닥을 사는 이들에게 편안함을 느낀 이유는, 로트렉은 귀족이었지만 자신을 버리다시피한 아버지에 대한 실망과 반감과 배신감 때문이다.

　당시의 카바레는 한국에서 인식하는 그런 성격의 장소가 아니라 예술가들의 아지트였다. 물론 술도 팔고 이성을 만나는 장소

이기도 했지만 시낭송과 샹송, 정치 토론, 연극이나 만담을 공연
하기도 했다.

　로트렉의 지정석이 있을 정도로 그는 날마다 카바레에 가서 춤
추는 사람들을 구경하고 많은 사람들을 그렸다.

　"언제나 어디서나 나는 추하다고 생각되는 곳에서 아름다움을
발견한다. 사람들이 자세히 보지 않는 곳에 의외의 아름다움이
있으며 여기에 감동받는다."

　이런 인생의 통찰을 갖고 있었기에 로트렉은 장애 때문에 춤을
직접 추지는 못해도 관찰자의 입장에서 많은 그림을 그릴 수 있
었다. 아마도 직접 참여했더라면 훌륭한 미술작품을 남기지 못
했을 것이다. 그렇게 본다면 로트렉이 그림을 그리게 된 것은 어
쩌면 운명이었는지도 모른다.

　장애가 아니더라도 성격상 참여하는 것을 좋아하는 사람이 있
고 관찰하는 것을 좋아하는 사람이 있다. 행동파와 관조파인 것
이다.

　로트렉은 원래 참여하기 좋아하는 성격인데 신체장애 때문에
어쩔 수 없이 관찰자가 된 것이다. 그의 고독을 짐작할 수 있다.

　예술은 기본적으로 관찰자의 입장에서 바라보는 분야이다. 대
상의 본질과 진실을 정확하게 보고 창작하면 명작이 나오는 것
이다.

로트렉은 자화상을 그리는데 있어서 특이한 것이 있었다.

정식 작품으로는 많이 그리지 않고 데생으로 간단히 그린 자화상이 많다.

그 이유를 생각해보면 자신이 콤플렉스로 느끼는 자신의 외모를 진지하게 생각하며 그리는 고통을 피하고자 하는 의도가 있었을 것이다.

간단한 데생은 만화처럼 유머러스하게 그렸다. 자신의 모습을 스스로 웃음의 대상으로 삼아 콤플렉스를 회피하는 방법으로 지혜롭게 극복해 나간 것이다.

자신의 모습은 그림보다는 사진을 많이 찍었는데 이것은 자신의 외모에 대해 인정하면서 스스로 그림 그리는 고통 대신 객관적이고 엄연한 사실을 냉정하게 받아들이겠다는 의미이다.

　사진을 찍더라도 다른 모습으로 가장을 하고 찍은 사진이 많다. 주로 여장 사진, 소년 성가대원, 일본 사무라이로 가장 했다. 현재의 모습이 싫고 다른 모습으로 변신하고 싶어 하는 심리가 그렇게 반영된 것이다

변신모티브는 문학에서도 많이 나오고 동화나 신화에도 많이 나오는데 일종의 현실 탈출구로 이해된다.

문학에서 대표적인 것은 카프카의 '변신'이 있고, 그리스 신화에서는 제우스가 여러 동물이나 사물로 변하여 사랑을 성취하는 이야기가 대표적이다.

현대사회에 나타나는 변신 모티브는 게임, 성형, 코스튬 플레이(코스프레) 등이 있다. 로트렉도 일종의 코스프레를 한 셈인데 이것이 안정과 심리적 치유를 하는데 도움이 된 것으로 보인다.

우리는 가끔 나 아닌 다른 무엇이 되고 싶은 심리가 있다. 그 중에 병리적으로 나타나는 현상이 이중인격, 다중인격이다. 이렇게 심한 경우는 치료 받아야 하지만 나 아닌 다른 사람이 되고 싶은 일반적인 심리는 정상이고 보편적인 현상이다.

일상에서 건강하게 나 외의 다른 것으로 사는 또 다른 방법으로는 가면무도회, 연극, 역할극, 소설쓰기 등이 있는데 가끔 용인된 방법으로 나 아닌 다른 사람이 되어 보는 것이 필요하다. 바로 이것이 병적으로 가지 않는 방법이다.

특별한 것만이 다른 사람이 되는 방법은 아니다. 평범한 취미로도 나 아닌 다른 사람이 될 수 있다.

흔히 할 수 있는 운동, 그림, 사진, 봉사 등도 내 속의 나를 끄집어 낼 수 있다. 운동으로 숲 속을 뛰어다녔던 원시적 본능을 충족시킬 수 있고 봉사를 통해 리처드 도킨슨이 '이기적 유전자' 에서 말한 이타주의적인 숭고한 본능을 충족시킬 수 있다.

　살인 사건이나 방화 사건이 일어날 때마다 안타까운 심정이다. 누구나 살인 본능과 파괴 본능은 무의식 속에 숨겨져 있다는 것은 부인하지 못할 것이다. 그 것을 반사회적으로 발산하여 지탄과 파멸의 길로 가는 것이 안타깝다.
　토막 살인을 하고 내장을 해부하는 끔찍한 사건을 보면서 그 피의자가 공인된 해부학 실습에 참여하여 절차에 따라 했다면 얼마나 좋았을까 하는 생각이 든다. 그랬다면 숨어있는 살해 본능을 충족시키고 비참한 일은 일어나지 않았을 것이라는 생각이 든다.

물랭루즈에서의 춤 (1890년)

〈물랭루즈에서의 춤〉은 한 남자가 한 여인에게 '캉캉' 춤을 가르치는 장면이다. 이 그림에 보이는 인물들은 부엉이처럼 밤에만 나오는 매춘부와 작가들이다.

로트렉은 춤을 추는 장면을 보면서 얼마나 춤추고 싶었을까?

요즘은 휠체어를 타고 추는 휠체어댄스가 있지만 그 때는 그저 바라보기만 했을 것이다. 로트렉은 주로 역동적인 장면을 많이 그려 대리 체험으로 욕망을 어느 정도 해소할 수 있었다.

특히 눈에 띄는 것은 여자 무용수의 빨강 스타킹을 신은 다리다. 다른 그림에서도 여자들의 다리를 쭉 뻗은 아름다운 모습으로 강조했다. 이는 로트렉의 짧은 다리에 대한 보상 심리가 길고 아름다운 여자들의 다리로 표현된 것이다.

현대 축구를 비롯해 대부분의 프로스포츠 경기를 관람하는 것만으로도 카타르시스를 느낀다. 참으로 이상하지 않은가? 직접 참여하지도 않았는데 마치 자기가 승리하고 패배한 것처럼 흥분하고 열광한다.

그 이유는 격렬한 스포츠는 누구나 직접 하기에는 어렵다. 이 때 대리로 선수가 참여하게 하고 이를 구경하는 것으로 쾌감을 얻는 것이다.

직접 해볼 기회나 여건이 많이 줄어든 현대에서는 대리 체험이 많이 이루어지는데 특히 미디어와 기술발전이 이러한 방향으로 가는데 더욱 큰 역할을 하고 있다.

VR[Virtual Reality](가상현실) 등 정보통신 기술의 발전이 이런 현상을 더욱 가속화하여 실감나게 한다.

신체 장애인들에게는 좋은 현상일 수 있다. 직접 체험하기 어렵기에 대리 체험만으로도 만족할 만한 쾌감을 얻으니 말이다.

신체에 장애가 있다고 불행하다고 보는 사람은 겉으로만 보고 모든 것을 판단하는 단순한 사람이다.

예를 들어 돈이 많다고 다 행복한 것은 아니며 신체장애가 있다고 다 불행은 아니다.

행복과 불행은 그것 자체 때문이 아니라 그것을 어떻게 바라보느냐에 있으며 현재 상황에서 최선책을 찾으며 만족감을 느끼면 그것이 행복인 것이다.

플라토닉 특별한 사랑

숙취 (수잔 발라동의 초상) "The Hangover"
(Portrait of Suzanne Valadon) (1889년)

로트렉은 여자를 많이 그렸다. 하지만 여자를 꼭 아름답게 그리지 않았다. 그렇다고 추하게 그리지도 않았다. 매춘부의 삶을 가장 가까이에서 허상과 왜곡을 한 꺼풀 벗기고, 있는 그대로의 모습을 사실적으로 그렸다.

로트렉은 많은 여자를 만났지만 특히 발라동이라는 여자와의 이야기는 특별하고 애절하다.

백색의 화가, 위트릴로의 어머니로도 잘 알려진 수잔 발라동은 사회 최하층 신분이었다. 사생아로 태어나 청소부, 가사도우미, 공장에서 일을 하기도 하고 곡예사를 하다가 부상으로 인하여 모델을 하게 되었다.

　르누아르, 샤반드 등 여러 화가의 모델을 거쳐 로트렉의 모델이 되었을 때 둘은 교감을 나누었다.

　르노아르가 그린 발라동은 실제보다 더 미화하여 아름답게 그렸다. 하지만 발라동은 그런 가식적인 그림을 좋아하지 않아 르노아르를 떠나 로트렉의 모델이 되었다.

　로트렉이 그린 발라동은 술을 앞에 놓고 심각한 표정인데 있는 그대로의 모습, 혹은 내면의 고뇌를 들여다보는 그림이다. 발라동은 이러한 진실을 담은 그림을 좋아했다.

　발라동이 그림에 소질이 있다는 것을 알게 된 로트렉은 스승인 드가를 소개 시켜주며 화가의 길을 열어주었다.

　또한 발라동이 낳은 사생아를 받아들여 같이 키우기도 했다. 로트렉은 그녀에게 호감을 가졌고, 상처받을까봐 두려움에 굳게 닫고 있던 마음의 문을 열었다.

　처음에는 그를 비웃던 발라동도 점차 로트렉의 예술성과 지성적인 면, 열정에 끌리게 되었다.

　로트렉은 발라동에게 모델료 외에 많은 돈을 주었고, 발라동으로 인해 고독에서 벗어나 행복을 느꼈다.

　발라동은 로트렉에게 구혼을 하지만 로트렉은 무슨 이유인지 결혼은 안하겠다며 거부했다. 2년 동안 발라동은 자살소동까지 벌여가며 협박 비슷하게 구혼을 했으나 그녀의 기만적인 면모를 알아챘을까. 로트렉은 강하게 거부했다.

어느 날 돈과 그림과 함께 발라동이 도망을 갔고, 경찰의 연락을 받고 달려가니 그곳에 그녀가 있었던 것이다. 그는 모든 것을 용서하고 그녀를 다시 받아주었다. 그러나 며칠 후 심하게 다툰 어느 날 그녀는 로트렉에게 본심을 말한다.

"돈이 필요할 뿐 당신을 사랑하지 않아요."

로트렉은 심한 충격을 받고 다시 마음의 문을 닫는다.

그의 사랑은 발라동이 처음이자 유일하며 마지막 사랑이었고 이렇게 끝나고 말았다.

그는 상실감과 좌절에 폭음을 하며 지냈다. 그러다가 다시 일을 하여 물랭루즈의 개관 포스터를 그리며 인정을 받았고, 예술적 절정기를 맞게 된다. 그의 장애와 고독이 예술혼의 원동력이 되었으리라.

한 편 발라동은 은행가와 만나 결혼하고 여성 화가로 성공했지만 로트렉이 지어준 '수잔 발라동'이라는 이름으로 계속 활동했다. 마음 속에는 자신을 진실하게 사랑했던 로트렉이 있었을 것이다.

거리의 천한 여자였던 발라동을 화가로 성장시킨 로트렉의 진실한 마음과 위대한 정신이 아름답다.

귀족 출신이지만 신체 장애와 가족들의 외면 등으로 인한 실의로 하층민들과의 방탕한 생활을 하던 로트렉은 결국 알콜 중독에 정신 착란으로 정신병원에 입원하게 된다. 또한 문란한 생활에서 얻은 매독 또한 더욱 악화되었다.

결국 그는 1901년, 37세의 젊은 나이로 유일하게 자신을 지켜 주었던 어머니 곁에서 생을 마감한다.

로트렉은 그림에서 인물들의 특이성을 강조했다. 이것은 모든 사람들에게는 서로 다른 특징이 있으며, 자신의 장애도 그러한 특징 중의 하나라고 스스로를 위로한 것이리라.

신체적이든 정신적이든 또 다른 면이든 결함이 없는 사람은 없을 것이다. 이것을 비관하여 삶을 함부로 팽개치느냐 결함을 오히려 멋진 것으로 보고 삶을 아름답게 만드느냐는 세상과 나를 어떻게 보느냐에 달린 것이 아닐까.

프리다 칼로 Frida Kahlo (1907-1954)

멕시코의 초록과 황토색으로 육체, 정체성과 싸우다

부러진 척추 The Broken Column (1944년)

강렬하다. 〈부러진 척추〉 그림에서 첫 눈에 들어온 모습은 젖가 슴을 내놓고 온 몸에 못이 박혀있어 뭔가 심상치 않은 사연이 숨 어있는 것 같다.

〈부러진 척추〉 그림은 프리다 칼로가 한 번 이혼했던 디에고와 재혼한 후 예전에 교통사고를 당한 몸이 악화되어 강철 코르셋을 착용하게 된 자신의 모습을 그린 것이다.

1925년, 이 그림을 그리게 된 날로부터 19년 전, 그날의 교통 사고는 프리다 칼로의 인생을 180도 바꾸어 놓았다.

그녀 나이 열여덟 살 때였는데 프리다가 탄 버스가 건널목에서 열차와 충돌해서 중상을 입었다. 철제 손잡이 봉이 허리와 자궁 을 관통하고 오른발이 심하게 뭉개졌다. 손상된 곳은 척추 3개, 쇄골 2개, 갈비뼈 2개, 왼쪽 어깨 탈구, 골반뼈 3개, 오른쪽 다 리 11곳이다.

그렇지 않아도 어린 시절에 걸린 소아마비로 한쪽 다리를 절었 는데 그것보다 더한 사고로 온 몸이 부서지는, 상상만 해도 끔찍 한 일이 벌어진 것이다. 살아남은 것이 기적이었다.

갑작스러운 사고로 몸을 움직이지 못하게 되자 프리다는 우울 증으로 이어졌다. 누워서 할 수 있는 것을 찾다가 그림을 그리 기 시작했는데 그림이 우울증을 극복하는데 큰 도움이 되었다.

아버지가 아이디어를 내어 특수 이젤을 만들었고 천정에 붙여 준 거울을 보고 자화상을 그리기 시작한 것이다. 뜻이 있다면 얼 마든지 길이 있다는 것을 보여준 것이다.

그림 〈부러진 척추〉를 보면 척추는 조각조각 갈라지고 아무 것도 걸치지 않은 상체에 교정용 코르셋으로 온 몸을 조이고 곳곳에 못이 박혀있다.

배경으로 그려진 땅은 말라서 쩍쩍 갈라지고 하늘은 연보라 회오리가 일고 있다. 마치 멕시코의 현실과 그녀의 마음을 동시에 표현한 듯하다. 이는 색채표현에서도 알 수 있는데 몸의 색채와 땅의 색채도 비슷하여 멕시코의 현실과 자신의 부서진 몸을 일체화 시킨 것이다.

눈은 짙은 갈매기 눈썹이고 눈에는 하얀 물이 뚝뚝 흐르지만 얼굴은 무표정이다.

고통이 너무 심하면 고통을 느끼지 못하는 걸까. 그녀는 똑바로 정면을 바라보고 강렬한 눈빛으로 삶의 의지를 더욱 불태우고 있다. 고통을 받아도 좌절하지 않고 꿋꿋하게 버티어 가겠다는 결연한 의지가 엿보인다. 마치 전쟁에 참전하여 심하게 다쳤는데도 다시 참전하기를 기다리는 전사 같기도 하다.

얼굴에 옅게 콧수염도 보이는데 이것은 융이 이야기한 아니무스(여성 속에 있는 남성적 요소)가 신체적으로 나타난 것으로 볼 수 있다.

역설적으로 그녀에게 사고가 없었다면 이런 훌륭한 그림이 탄생했을까?

"고통은 훌륭한 예술을 창조하는 힘이 된다."

이 말은 프리다 칼로에게 딱 들어맞는 말이다. 아니 누구든 가능하다. 몸이 아프면 의욕도 없고 마음까지 약해진다는 말은 누가 만들어낸 말인가?

그녀는 평생 30여 차례의 수술을 받으며 일생을 육체적 고통을 받으며 예술혼을 불태웠다.

〈부러진 척추〉의 색채 요소를 보면 정열적인 멕시코의 색이라고 할 수 있다. 배경으로 쓰인 황토색은 남미의 원시적이고 본능적인 이미지를 표현했는데 자연의 생명력을 표현하여 보는 이로 하여금 쓰러질 수 없는 질긴 목숨을 생각하게 한다.

갈라진 땅에서 더욱 삶의 의지를 불태우게 되는데 김지하 시인의 '황톳길' 과 T.S 엘리어트의 '황무지' 라는 시를 떠올리게 한다.

황톳길에 선연한 / 핏자욱 핏자욱 따라 / 나는 간다 애비야 / (중략) / 뜨거운 해가 / 땀과 눈물과 모밀밭을 태우는 / 총부리 칼날 아래 더위 속으로 / 나는 간다 애비야 / (중략) / 아아 척박한 식민지에 태어나 / 총칼 아래 쓰러져간 나의 애비야 / 어이 죽순에 괴는 물방울 / 수정처럼 맑은 오월을 모르리 모르리마는

(김지하의 '황토길' 일부)

4월은 잔인한 달 / 죽은 땅에서 라일락을 키워내고 / 기억과 욕망을 뒤섞고 / 봄비로 잠든 뿌리를 뒤흔든다. / 겨울은 오히려 따뜻했었다 / 대지를 망각의 눈으로 덮어주고 / 가냘픈 목숨을 마른 뿌리로 먹여 살려 주었다.

(T.S 엘리어트의 '황무지' 일부)

그녀는 자화상을 55점 그렸는데 자화상을 이렇게 많이 그린 이유는 무엇일까?

그녀는 '늘 혼자였고 자신이 가장 잘 아는 자화상을 그린다'고 스스로 말하지만 또 다른 이유로는 프리다 칼로는 자아가 강하기 때문에 에너지가 내부로 향하는 것이 아니라 외부로 분출된 것이다. 그리고 살아있는 자신의 존재를 확인하기 위해서 지속적으로 자화상을 그린 것으로 생각된다.

차량이 많이 늘어난 요즘은 많은 교통사고가 일어나고 이로 인한 많은 장애인이 발생하고 있다.

자유롭게 움직일 수 없는 장애인들이 자연스럽게 그림을 접하고 그린다. 손도 움직일 수 없는 화가들이 입이나 발로 그리는 것이다. 이들을 구족화가라고 하는데 예술 앞에서는 신체적 불편함은 아무것도 아니라는 것을 보여주고 이들의 모습을 보면 인간의 무한한 능력을 다시 느끼게 된다.

고통 속에서 찾은 희망

상처 입은 사슴 The Wounded Deer (1946년)

어떤 자료에는 〈작은 사슴〉이라는 제목으로도 붙어 있는 〈상처 입은 사슴〉 그림은 프리다가 미국 보스턴에서 열린 현대 멕시코 화가전에 참가했던 작품이다.

양쪽으로 나무들이 마주보고 빽빽이 일렬로 서있는 빈 공간에 사슴이 갇혀서 나오지 못하는 모습인데 목과 등에는 화살 아홉 개가 박혀 있다.

그런데 이상한 것은 화살을 이렇게 많이 맞았는데도 쓰러지지 않고 네 발을 쭉 뻗으며 활기차게 움직이고 있다.

〈상처 입은 사슴〉 그림은 프리다가 통증을 줄이고자 받은 척추 접합수술을 나타낸 것인데 다른 그림들에 비해 직접적인 형상보다는 서정적인 비유를 사용하여 미학적 성공을 거두고 있다. 고통도 아름다울 수 있다는 역설을 이 그림은 증명해 주고 있다.

그리스 신화에 나오는 반인반수처럼 얼굴은 프리다의 모습이고 몸은 사슴이다.

프리다가 자신을 사슴으로 보는 이유는 자신이 직접 기르던 동물이 사슴이라 무의식 속에 자리 잡았기 때문이다. 그리고 자신의 몸은 사슴처럼 연약하다는 것을 상징하는 것인데 화살을 쏜 사냥꾼은 화면에는 보이지 않는다.

9개의 화살 중 일부는 소아마비, 교통사고, 유산 등 육체적인 것도 있지만 남편인 디에고가 쏜 정신적인 화살도 많다.

프리다가 디에고를 처음 만난 것은 1923년 디에고가 멕시코 국립 예비학교에서 프레스코 벽화 작업을 하고 있을 때였다. 디에고는 이 때 당시 이미 유명한 화가였고 프리다는 어린 학생이었다.

소녀 프리다는 21살이나 많은 아저씨 같은 사람에게 '일하는 모습을 좀 더 보고 싶으니 작업을 계속해 달라'고 당당히 요구했고 자신의 그림을 평가해 달라고 요구하기도 했다.

디에고도 당당하고 묘한 정열을 내뿜는 이 소녀를 인상 깊게 보았다.

 그로부터 7년 후인 1928년, 프리다는 이태리계 미국인 좌익 사진작가의 소개로 공산당에 입당한다. 여기에서 디에고를 다시 만나 사랑을 하게 된다.

 디에고는 여성 편력이 심하여 여러 여자를 사귀었고 이 당시에도 전처에게서 낳은 아이 둘과 현재 부인 사이에서 아이 둘을 가진 유부남이었지만 프리다와 디에고는 서로 사랑하였다.

 이 두 사람의 물리적인 숫자 차이는 컸다. 나이는 21살, 키는 20㎝, 몸무게는 100㎏ 이상 차이 났다. 하지만 정신은 멕시코 혁명이라는 공통적인 것으로 인한 사상적 동지였다.

 1929년에 22살의 프리다는 43살 디에고와 결혼했는데 디에고는 세 번째 결혼이었다. 결혼식 장면도 평범하지 못했다. 디에고의 전 부인이 난동을 부리고 디에고가 총을 쏘고 난장판이 되었다.

 디에고와의 결혼 후 프리다는 예술적으로 많은 성장이 있었다. 민중미술의 색조를 사용했고 스페인과 남미 원주민의 혼합인 멕시코 예술을 창조해 냈다.

 결혼 생활 중 디에고의 바람기로 프리다는 큰 좌절감을 느끼고 이혼하게 된다. 디에고의 바람기의 종착점은 프리다의 여동생과의 불륜이었다. 자유연애주의자이자 양성애자인 프리다도 이쯤 되자 충격을 받았고 인내심이 바닥이 난 것이다.

 그러나 프리다는 헤어진지 1년도 못되어 다시 재혼하는데 디에고가 두 번째 청혼을 하고 프리다가 받아들인 것이다. 하지만 프리다는 디에고에게 성관계는 갖지 않는 조건으로 받아들였다.

그림에서는 강한 면을 보였지만 프리다도 한 남자를 떠나지 못하고 그리워하는 여자였던 것이다. 그러나 재혼 후에도 디에고의 바람기는 여전히 변하지 않았고 프리다에게 화살을 마구 쏜 어린아이 같았다.

누군가 이 정도의 개인적인 비극이 닥친다면 어떤 심정일까? 물론 문화가 달라서 정서 차이가 있겠지만 한국에서는 기구하다는 표현을 쓸 것이다. 하지만 기구하다는 것은 내 힘으로 어쩔 수 없는 운명이라는 전제가 깔려 있는데 스스로 선택한 결혼이라면 담담히 받아들여야 한다.

이 정도 고통이 없다면 인생이라 할 수 있겠는가, 하는 마음으로 임한다면 이 그림에서 충분히 위로 받을 수 있을 것이다.

서양에서는 반인반수를 괴물로 여긴다. 그러나 프리다는 반인반수를 신비한 존재로 보았다. 이런 사상은 동양적 가치관인데 그녀의 일기에도 동양적인 사상이 나온다. 바로 세상 만물은 정복의 대상이 아니라 서로 관계를 맺고 연결되어 있다는 유기체적 사고와 윤회 사상이다.

멕시코 원주민들도 이와 비슷한 생각을 했다. 그들은 사람의 운명은 탄생일과 연결된 동물과 같다고 보았다.

그림 〈상처입은 사슴〉에서 탈출구가 하나 있는데 바다로 이어져 있다. 바다는 평온하고 밝은 풍경이다. 절망 속에서도 희망이 있다는 것을 암시하고 있다.

여기서 프리다 칼로의 심정을 상징하는 것은 2가지가 있는데 직접적인 상징은 자기 얼굴을 그려 넣은 사슴이고 잠재적 상징은 나무이다.

보통 미술 심리분석에서 나무는 외부의 영향력이 본인에게 어떻게 작용하는지로 해석한다.

이 2개의 상징들은 일맥상통하는 점이 있는데 바로 강한 의지를 나타낸다는 점이다. 프리다의 얼굴은 고통스러운 표정 없이 강인한 인상이고 자신을 머리에 뿔이 달린 숫사슴으로 표현하고 있다. 나무도 부러졌을지언정 땅에 뿌리를 내리고 하늘로 당당히 치솟고 있다.

디에고 리베라의 아내로만 알려진 프리다가 1970년대 페미니즘 운동이 일어나면서 그녀는 새롭게 주목받게 되었고 1984년 멕시코 정부는 그녀의 작품을 국보로 분류하였다.

나는 누구인가

2명의 프리다 (1939년)

　프리다는 살아가면서 끊임없이 나는 누구인가, 하는 정체성에 대해 고민을 하고 방황했다.

　〈2명의 프리다〉 그림은 남편 디에고와 헤어진 후 극도의 좌절감 속에서 그린 그림인데 자신의 모습이 2가지로 분열되어 나타나고 있다.

왼쪽은 서양식의 의상을 입었고 오른쪽은 멕시코 전통 의상을 입었다. 이는 혼혈인 프리다의 내면에서 서양과 멕시코 고유 전통이 혼재하는 것을 나타낸다. 프리다의 아버지는 유태계 독일인이고 엄마는 멕시코 원주민이었던 것이다.

학교 다닐 때는 서구식 교육을 받았지만 멕시코 혁명이 일어난 1910년을 자신의 태어난 해로 생각할 정도로 멕시코의 민중적 가치관을 가지고 있었다.

오른쪽 프리다의 왼손에는 디에고의 사진이 그려져 있는 작은 타원형 물체를 들고 있다. 이 작은 물체는 핏줄을 타고 심장과 연결되어 있고 왼쪽과 오른쪽의 2명의 프리다와 연결되어 있다. 이는 전통적인 멕시코 여성으로서는 남편 디에고와 자연스럽게 연결될 수 있지만 서구적 프리다와는 직접 받아들일 수 없다는 의미이다. 왼쪽의 프리다가 가위로 핏줄을 자르고 피투성이가 된 모습이 그것을 상징하고 있다.

또 다른 프리다의 이중적인 심리로는 사랑받고 싶어하는 심리와 또 다른 한편으로는 디에고로부터 독립하여 자유로워지고 싶은 심리를 표현한 것이기도 하다. 하지만 얼굴 표정은 다른 그림과 마찬가지로 무표정으로 일관하고 있다.

예전 유행가에 '내 속엔 내가 너무 많아' 라는 가사가 있었다. 사람은 누구나 한 가지 모습만 가지고 있지 않다. 학교, 집 등 장소에 따라, 시간과 상황에 따라 다른 모습을 보이는 것은 이상한 일은 아니다. 극단적으로 인면수심(人面獸心)이 되지 않는다면 자연스러운 일이다.

　도덕적으로 문제가 되지 않는다면 내 속에는 여러 명의 내가 있다는 것을 인정하고 다양한 모습의 내가 바로 진짜 나라는 것을 인정해야 한다. 그렇게 되면 억압된 나를 발견하게 되어 무엇에 얽매어 있는지 알게되어 진정한 자아를 찾을 수 있다.

멕시코와 미국의 국경선 위에 서 있는 자화상 (1932년)

프리다는 또 다른 정체성을 주제로 그림을 그리는데 〈멕시코와 미국의 국경선 위에 서 있는 자화상〉이 그것이다.

오른쪽은 미국이고 왼쪽은 멕시코이다. 여러 가지로 극명하게 대비, 대조가 되고 있다.

기술과 산업이 발달한 미국은 회색 등 삭막한 인공적인 색채이고 멕시코는 자연과 생명이 그대로 살아있는 흙색과 식물의 원색으로 표현되어 있다.

멕시코에는 해와 달 등 자연이 그대로 살아있지만 미국은 공장 굴뚝에서 연기가 나오고 높은 빌딩과 기계들이 즐비하다.

두 세계의 대립(자본주의와 사회주의, 현대와 고대, 가난과 부자, 본능과 이성)은 프리다의 영원한 주제이다.

멕시코 깃발을 들고 핑크빛 드레스를 입은 프리다는 중간에 서 있지만 시선은 멕시코를 향해 있다.

요즘 한국도 가치관의 혼란으로 정체성은 아주 중요한 문제이다. 일본문화, 서구문화, 한국 고유문화가 혼재되어 사회가 혼란스럽고 세대별로도 다른 가치관으로 충돌이 일어나기도 한다. 서구문화가 밀려와 나도 모르는 사이에 햄버거가 주식이 되고 누구나 티셔츠, 청바지를 입을 때 이것은 우리 고유문화가 아니라는 인식을 하며 한국적인 것의 위대함을 알아야 하는 시대이다.

상실의 아픔을 모성애와 사랑으로 치유

우주, 지구(멕시코), 나, 디에고, 숄로틀이 어우러진 사랑의 포옹 (1949년)

그림 〈우주, 지구(멕시코), 나, 디에고, 숄로틀이 어우러진 사랑의 포옹〉은 프리다 칼로가 이혼했던 디에고와 재결합하고 난 후에 심정을 그린 그림인데 종교적 깨달음과 대자연의 순리의 법칙을 통찰하는 듯한 웅혼함이 느껴진다. 이는 자신이 아이를 낳을 수 없다는 심리와 디에고 리베라의 어머니로서의 역할을 나타낸 것이라 볼 수 있다.

작품 속에서의 그녀는 우주와 대지의 품안에서 편안한 안정을 느끼며 리베라를 용서하는 마음으로 남편에 대한 집착에서 벗어나 어머니와 같은 포용심으로 리베라를 보살핀다. 수많은 여자와 바람을 피워 자신에게 고통을 준 디에고를 품에 안고 자신은 여신의 보호 아래 멕시코의 자연환경을 품은 우주의 순리 안에서 달관하는 모습이다.

중앙에 프리다 칼로로 보이는 여자가 디에고로 보이는 남자를 아기처럼 안고있다. 이는 성모 마리아가 죽은 아들, 예수의 시체를 무릎에 안고 있는 '피에타(Pieta)'를 연상시킨다. 이탈리아어로 '피에타'는 슬픔과 비탄을 뜻한다.

프리다는 아이를 그토록 갖기 원했지만 사고의 후유증으로 몇 번 유산되어 실패하고 난 후에 이에 대한 보상심리로 남편을 모성애의 대상으로 생각하여 아이처럼 그림을 그렸다.

이 둘을 감싸는 이는 초록색의 대지의 여신이다. 프리다는 모성애를 가짐과 동시에 누군가에게 보호받고 싶은 여자의 심리를 표현한 것이다.

하지만 대지 여신의 가슴은 상처로 찢어졌고 겨우 젖이 한 방울 흐른다. 이는 멕시코와 멕시코 여성이 처한 현실을 상징한다. 프리다의 목덜미에서도 붉은 피가 흐른다. 그럼에도 불구하고 자신을 힘들게 했던 남편을, 말썽만 부리고 아무것도 모르는 철없는 아이처럼 받아들인다.

다시 자세히 보면 디에고의 눈이 시바신처럼 3개이다. 시바신은 힌두교에서 숭배하는 신 중 하나로 제 3의 눈은 지혜와 파괴를 상징한다. 시바신이 화가 날 때는 세 번째 눈에서 불이 나와 모든 것을 불태운다. 새로운 창조를 위해서는 파괴를 해야 한다는 우주의 순환원리의 가치관를 표현한 것이다.

남편 디에고를 시바신으로 비유한 이유는 시바가 강한 성적 능력을 갖춘 신[5]이기에 바람기가 많은 남편을 그렇게 비유한 것이다. 그리고 동시에 디에고를 파괴하고 극복해야 새로운 창조를 할 수 있다고 본 것이다.

모성애는 프로이트가 분류한 성격 3가지 체계 중의 이드(본능)에 해당하는데 현실에서 충족시키지 못한 여자로서의 본능을 그림으로 표현하여 정신분열이나 과격한 행동을 방지한다.

이것이 동양인과 서양인의 차이이기도 한데 동양인은 그림에서도 감정을 은근히 표현하여 속마음을 잘 보여주지 않는 경우가 많은데 이 그림에서는 과감히 표현하면 쌓인 울분이나 스트레스가 해소되어 치유효과가 나타난다.

5) 시바신은 벌거벗은 채로 요가를 하면서 브라만 현자의 아내들을 유혹하기도 했다.

프리다에게 있어 따뜻하고 좋은 빛으로 생각하는 녹색으로는 대지의 여신이 있고 솜털 돋은 복숭아의 옛 피, 붉은 자주색은 프리다의 옷이다.

밤은 대부분은 갈색인데 이는 프리다가 두더지 색채, 시든 나뭇잎 색채, 땅으로 생각하고 그린 것이다.[6] 주황색과 검은색의 혼색인 갈색은 중립적이면서 현실적인 색으로서 심리적으로는 충동과 억제 사이의 중간적 입장의 색상이라 할 수 있다. 또한 대지의 색으로서 편안하고 안정적이고 싶은 그녀의 심리가 반영되어 있다고 볼 수 있다.

고통받는 여성이 〈우주, 지구(멕시코), 나, 디에고 숄로틀이 어우러진 사랑의 포옹〉을 본다면 분명 위로받을 수 있을 것이다. 내 속에 있는 울분과 고통을 끄집어내어 한바탕 한풀이라고 생각하면 눈물의 정화를 느낄 수 있을 것이다. 그 뒤에서 얼굴이 반쯤 가려진 우주의 여신이 따뜻하게 감싸주기 때문이다.

상처받은 대지가 나를 위로해 주는데 나는 또 누구를 위로해 줄 수 있는 사람이다. 그러는 가운데 우주의 여신은 무심하게 낮과 밤을 보여주고 대자연의 법칙은 이러한 고통스러운 현실을 흔들림 없이 포옹해 준다.

---

6) 헤이든 헤레라, 김정아 역, 『프리다 칼로』, 민음사, 361-362쪽

에곤 쉴레 Egon Schiele (1890~1918)

욕망해도 괜찮아

진실은 불편하다

눈망울이 크고 입술이 붉은 귀여운 소녀가 슬프고 애잔하게 이
쪽을 쳐다본다. 젊은 나이에 벌써 삶의 쓴 맛을 보았는지 지친 얼
굴로 아련하게 바라본다. 고개도 바로 들 힘이 없는지 손으로 얼
굴을 받치고 있다.

여기까지만 보면 균형 잡힌 아름다운 소녀의 지친 모습에서 연

민의 정이 생긴다. 그러나 이 그림은 전체 그림이 아니다. 필자가 의도적으로 얼굴만 편집하여 보여준 것인데 전체 그림은 다음과 같은 누드 그림이다.

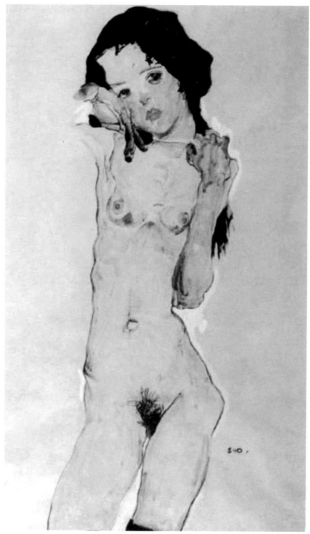

서있는 벌거벗은 검은 머리 소녀 (1910년)

전체 그림은 반전이자 충격이다.

앳된 얼굴에 몸은 삐쩍 마른 것을 넘어 더 극단적으로 왜곡시켜 길게 늘여 표현하였다. 인체의 선도 곡선이 아니라 울퉁불퉁하다. 검게 자란 음모가 슬프면서도 묘하게 에로틱하게 느껴지고 붉은 음부도 살짝 드러나 가련하면서 애처로우면서 묘한 성적인 자극을 더한다.

얼굴과 몸이 정반대의 이미지를 풍기기에 더욱 나른하면서 독특한 이미지를 나타낸다.

몸과 배경의 색을 구분하지 않고 같은 계열로 채색하여 요란하지 않고 더 깊은 애잔함을 느끼게 한다.

벗은 몸은 부끄럽다.

우리는 언제부터 이런 학습이 되었을까?

아이 때는 벗은 것이 부끄럽지 않다가 학교에서 뭔가를 배우고부터 차츰 벗은 몸이 부끄러움이 되었다. 다시 말하면 자연스럽게 가식이나 고정관념을 배우고 가식이 예의라는 이름으로 포장될 때 부끄러움을 느낀다.

순수한 알몸을 무엇인가로 가리고 치장해야 하는 현대 사회에서 우리는 이중적인 가치관으로 늘 괴로워한다. 벗고 싶어하는 원초적 욕망과 벗으면 안 된다는 윤리적 가치관 사이에서 끊임없이 고뇌해야 하는 것이 바로 현대인이다. 그나마 인간은 이중성을 가진 존재라는 사실을 아는 것만으로도 다행이라고 생각하자.

그런데 이 그림은 부끄러움을 넘어 불편함마저 느끼게 되는데 이 감정은 도대체 무엇일까?

언젠가 다큐멘터리 사진에서 보았던 아프리카나 북한의 말라빠진 어린이가 떠올라서일까? 과도한 다이어트로 뼈만 남은 여자가 죽었다는 뉴스가 떠올라서일까? 아마도 성기까지 사실적으로 드러내어 은밀한 부분이 드러나는 불편함도 있을 것이다.

그러나 반문해 보자.

성기가 드러나면 예술이 아니고 드러나지 않으면 예술일까? 예술과 외설은 어떤 기준으로 정하는 것일까?

당시에도 누드 그림은 유행이었는데 대부분 성기나 음모까지는 그리지 않았다. 쉴레는 이 금기를 과감하게 깨고 자신의 예술적 가치관을 굽히지 않고 지속적으로 그렸다.

비만도 탐욕스러운 인간의 모습이 보여 슬프지만 반대로 삐쩍 마른 몸도 결핍과 연약함이 연상되어 슬프다.

슬픔과 고통에도 아름다움이 있다는 것을 에곤 쉴레는 잘 알고 있었다. 아니 알고 있는 것을 넘어 그런 종류의 슬픔에 깊은 관심과 집착을 보이고 있다. 쉴레의 모든 인물들은 이렇게 다 마른 형태이기 때문이다.

쉴레는 결코 금욕적인 사람은 아니었다. 오히려 모델과 직접 성관계까지 하며 욕망을 그림 뿐 아니라 육체적으로도 해소했다. 만약 그림을 그리는 화가가 아니고 단지 육체적 욕망만 해소했다면 그냥 파렴치범으로 몰렸을 것이다. 그나마 그림이라는 예술적 장치가 비도덕적 행동을 용인케 해주는 것은 아마도 대다수 예술가들의 삶이 그랬기 때문이리라.

욕망으로 인해 예술이 더 빛났을 수 있다. 예술은 숨겨진 욕망을 드러내는 작업이기 때문이다. 닭이 먼저냐 달걀이 먼저냐 싸움이겠지만 한 가지 분명한 것은 욕망은 예술적 원천이 될 수 있고 원동력이 될 수 있다.

그림 〈서있는 벌거벗은 검은 머리 소녀〉를 그린 1910년경에 많은 소녀들이 쉴레의 집을 드나들었다. 그중에 티티아나라는 소녀가 있었는데 그녀의 아버지가 자기 딸이 납치되었다고 신고하여 실레는 풍기문란과 미성년자 유괴 혐의로 체포되어 3주 동안 감옥에 갇히게 되었다. 물론 그림 100여점은 압수되었다.

재판 결과, 납치혐의는 무죄가 되었지만 외설적인 그림을 아이들에게 보여준 것은 유죄로 인정되었다.

쉴레는 감옥에 갔다 와서도 성적 호기심과 욕망을 감추지 않고 솔직했으며 위축되지 않고 자신의 신념대로 계속 벗은 그림을 그렸다.

쉴레가 성에 집착하는 이유를 찾아가다보면 하나의 단서가 나오는데 쉴레의 아버지가 매독에 걸려 사망했다는 점이다. 쉴레의 아버지는 학교공부를 안하고 그림을 그리는 쉴레의 소묘들을 태워버렸다.

이러한 연유로 쉴레의 누드 그림은 우리가 통상적으로 느끼는 아름다움이 아니라 고통스럽고 쥐어짜는듯한 고뇌를 느끼게 하는데 혹시 이러한 아픈 체험을 그림으로 표현하여 아버지의 수치스러운 질병과 정신적 폭력을 그림으로 발산한 것이 아닌가 추측된다.

쉴레는 자기 강박적이면서 자아도취적인 성향을 가지고 있었다. 그는 어려서부터 자신의 모습이 남들에게 어떻게 보일지를 신경 썼으며 거울을 보면서 자신의 모습을 탐색하기를 좋아했다. 이것은 그의 가정에서의 슬픔을 수용하지 못한 내면의 심리가 자기 자신과 사물에 대한 관찰력으로 고착된 것이다. 그는 자신의 내부를 탐색해 또 다른 자아를 발견하였고 표현을 통하여 인간의 본성을 파헤치려 하였다.

외압에 굴복하여 나약하게 자기를 파괴하는 예술가는 진정한 예술가가 아니다.

우리는 쉴레에게서 〈나는 나의 예술과 내가 사랑하는 이들을 위해 기꺼이 견뎌낼 것이다.〉라고 한 굳은 의지를 배워야 한다.

쉴레는 감옥에서 그린 그림에 붙인 다음과 같은 제목에서 그의 강인한 예술가 정신을 볼 수 있다.

〈예술가를 방해하는 것은 죄악이다. 그것은 자라려고 하는 생명을 압살하는 것이다.〉

보기에만 좋은 모습은 진실이 많이 가려진 모습이고 꾸며진 모습이다. 쉴레는, 그림을 통해 진실을 보여주어야 한다고 생각했다.

　진실에는 불편함이 있다.

　아래와 다음 페이지 그림에서도 불편함을 느꼈다면 당신은 진
실을 보았을 것이다.

여인 Woman (1917년)

명화와 대화하는 색채 심리학

사랑과 죽음은 같은 이름

죽음과 소녀 Death and the Maiden (1915년)

　한 여자가 한 남자를 끌어안고 애절한 눈빛으로 떠나려는 남
자를 붙잡고 있다. 남자는 놀라고 당황한 얼굴로 어쩔 줄 모르
고 있다.

　남자는 쉴레 자신인데 죽음을 상징하고 여자는 발리 노이질
(Wally Neuzil)이라는 모델이다.

전체적으로 선이 많아 마치 인물의 심리를 보는 것처럼 어지럽고 색채도 암울하다.

배경이 어둡고 얼룩덜룩한데 지옥을 표현한 듯 그로테스크하고 암울하다. 인물의 옷도 어지러운 선으로 그려 죽음이란 이토록 복잡한 것인가, 생각하게 된다.

〈죽음과 소녀〉 그림을 그릴 당시에는 오스트리아가 전쟁 중이었고 사랑과 이별, 배신 등의 감정이 뒤섞여 쉴레의 복잡한 심리 상태를 보는 것 같다.

에곤 쉴레의 대표작으로 꼽히는 그림 〈죽음과 소녀〉에 나오는 발리는 쉴레의 인생에서 아주 중요한 여자이고 다른 그림의 모델로도 많이 나온다. 발리에 대해 이야기 하자면 구스타프 클림트를 이야기 하지 않을 수 없다.

발리는 원래 클림트의 모델이었다. 에곤 쉴레보다 30살이나 많은 클림트는 이미 대가의 위치에 있었고 쉴레의 그림을 높이 평가하고 있었다. 클림트는 쉴레를 아꼈기 때문에 자기 모델을 기꺼이 쉴레에게 넘겨주었다.

이 〈죽음과 소녀〉 그림에는 사연이 있다.

왜 여자는 남자를 그렇게 떠나지 못하게 끌어안고 있는지, 남자는 자신을 왜 죽음으로 상징했는지 사연을 알면 이해가 된다.

1911년, 22살이었던 쉴레는 17살의 발리와 모델관계를 넘어 연인으로 4년 동안 같이 살았다. 보헤미아의 크루마우에서 살다가 10대 소녀들을 모델로 그린다는 것에 대해 마을 사람들의 항의를 받고 빈 서쪽 근교에 있는 노일렝바흐로 갔다.

이 기간 동안 발리를 모델로 하여 유명한 그림을 많이 그렸다. 발리는 파격적인 누드와 자위행위처럼 보이는 도발적인 자세도 취해주며 쉴레에게 크나큰 도움을 준 여자이다.

발리는 선정적인 누드 그림을 고객에게 배달하는 일도 했는데 고객들의 성적인 농담과 조롱을 견뎌내었다. 또한 쉴레가 외설죄로 법정에 섰을 때 그림 1점이 불태워지고 수모를 당했을 때도 떠나지 않고 끝까지 도와주었다.

그러나 쉴레는 자신의 예술의 황금기를 이루게 해 준 모델이자 연인을 과감하게 차버린다.

1차 세계 대전의 끝 무렵에 쉴레는 징집 당하게 되자 돈 걱정할 필요 없는 부유한 여자와 결혼하기로 마음먹었다. 쉴레는 바로 앞집에 사는 중산층 기독교 집안 출신 에디트와 결혼하기로 결정한 것이다.

쉴레는 발리에게 제안했다. 결혼 후에도 에디트 몰래 매년 여름에 같이 휴가를 보내자고 제안했다.

쉴레는 경제적인 안정과 예술적 영감의 원천 두 가지를 가지려고 했던 세속적 욕심을 부렸다.

그러나 발리는 이별을 통보받은 이후로 두 번 다시 쉴레를 만나지 않았다. 충격을 받은 발리는 적십자 종군간호병으로 지원했고, 1917년 23세의 발리는 성홍열에 걸려 발칸반도 야전병원에서 생을 마감한다.

쉴레는 예술가로서는 위대하지만 인간적으로는 치사하고 이기적이고 나쁜 남자였던 것이다.

발리가 떠난 직후에 그린 그림이 바로 〈죽음과 소녀〉이다.

그런데 영어 제목에서 'girl' 이라고 하지 않고 '처녀' 라는 의미로 해석되는 'maiden' 으로 한 이유는 무엇일까?

아마도 쉴레는 발리를 '처녀'처럼 고결하고 숭고하게 여겼기 때문이 아닐까.

쉴레는 결혼하고 4일만에 전쟁터로 불려갔다. 그리고 1916년 9월 평론지 〈디 악티온〉이 쉴레의 작품을 좋게 평하고 칭찬하자 갑자기 유명해졌다.

이 덕분에 쉴레는 파격적인 대우를 받고 1917년 군인 신분인데도 불구하고 빈에 있는 '황실 및 왕실 전사박물관'으로 파견돼 근무하게 되었다.

쉴레는 젊은 나이에 앞길이 환하게 열린 화가로 일찍 성공의 발판을 마련하게 된다.

나무도 벗은 나무는 아름답다

네 그루의 나무들 Four Trees (1917년)

에곤 쉴레는 벗은 인물화만 그린 것은 아니다. 풍경화도 몇 점 그렸는데 이 〈네 그루의 나무들〉 그림은 전쟁터인 오스트리아 빈 남부 지역을 그린 것이다.

쉴레는 뜬금없이 왜 풍경을 그렸을까? 영화 '에곤 쉴레:욕망이 그린 그림'을 보면 이에 대한 힌트가 나온다.

쉴레는 순수한 아내 에디트마저 벗겨 모델로 삼으려 하려하자 에디트는 항변한다.

"누드 말고 나무나 풍경 같은 것을 그리면 안되요?"

물론 그 이전에도 나뭇잎이 다 떨어진 앙상한 나무들을 그린 적이 있는데 아내의 말 때문에 다시 그렸을 것이다.

〈네 그루의 나무들〉은 전쟁에 참전하면서 스케치한 6개 중에 하나를 살려 완성한 그림이다.

이 그림은 수평 이미지와 수직 이미지가 교차하는 그림인데 산과 하늘은 수평선으로 되어있고 나무는 수직으로 서 있다.

나무를 자세히 보면 이상한 모습이 보인다.

네 그루 나무 중 왼쪽에서 2번째 나무는 가지만 앙상하여 이미 겨울을 맞이한 것처럼 나뭇잎이 다 떨어진 모습이다.

나무들이 실제로 이런 모습이었을까.

아닐 것이다. 표현주의는 사물을 있는 그대로 그리는 것이 아니라 화가의 감정을 투영하여 그리는 유파이기 때문에 헐벗은 나무의 모습을 통해 화가의 심리를 보여주려 한 것이다.

아마도 사랑하던 연인 발리과 헤어지고 결혼하자마자 전쟁터에 온 화가 자신의 텅 비고 공허한 마음을 표현했을 것이다. 다른 나무들은 잎들을 그대로 달고 있는데 계절과 상관없이 자신은 잎들을 모두 버리고 춥게 홀로 서 있는 것이다.

이때부터 색채가 조금씩 밝아지기 시작했다.

포옹, 뜨겁고 따뜻한 단어

포옹 The Embrace (1917년)

〈포옹〉을 그릴 때 쉴레는 군대에 있었다. 군대에서 창고를 아뜰리에로 사용할 수 있는 특권까지 누렸다. 어떻게 그렇게 될 수 있었느냐 하면 실레는 민간인 시절에 자기가 유명한 화가였다는 사실을 상관들에게 자랑을 했기 때문이었다.

그렇게 노력하여 쉴레는 전방으로 배치되지 않고 후방 러시아 장교의 포로수용소에서 근무하게 되었다. 곧이어 황실전사박물관으로 배속 받아 집에서 출퇴근까지 하게 되었다. 또한 아내 에디트를 병영으로 데리고 와서 같이 지내기조차 하였다. 그런 사연으로 볼 때 그림 속의 여자는 에디트이고 남자는 쉴레 자신인데 급하게 담요를 깔고 사랑을 나누는 장면으로 여겨진다.

남자는 근육이 튀어나올 정도로 있는 힘을 다해 여자를 껴안고 있다. 여자의 오른쪽 팔이 으스러지도록 격정적인 포옹은 그들이 얼마나 열렬이 사랑하는지 알려준다.

그림 속의 남녀는 암울한 전쟁의 포화 속에서 오로지 탈출구는 사랑 뿐이라는 듯 있는 힘껏 껴안고 있다.

쉴레의 그림들은 깡마르고 볼품없는 누드나 자위하는 모습, 성행위를 하는 모습들이 대부분이다.

이것은 성욕의 본능에서 벗어날 수 없는 인간의 모습을 묘사하려는 의도라 할 수 있겠다. 이 작품에서도 성의 미화적인 측면보다는 은밀한 행위의 적나라한 모습을 보여줌으로서 사랑에 대한 추구 속에 절망으로 내몰아진, 즉 리비도(성적에너지)에 의해 괴로워하는 모습으로 해석될 수 있다.

즉 단순한 에로티시즘이 아닌 인간의 심리적 고통을 한 단계 넘어서 성과 죽음의 절망적 표현을 통해 사실적이며 노골적으로 표현한 것이다.

그의 이러한 성과 관련된 모든 작품들을 통하여 쉴레가 어필하고 싶었던 것은 인간의 사랑의 행위가 얼마나 덧없으며 고통스러운가를 보여주고 있는데 그것은 성병으로 죽음을 맞이한 아버지의 영향 때문이라 할 수 있을 것이다.

담요는 심하게 구겨진 모습을 그렸지만 인체의 선은 예전처럼 왜곡되거나 날카롭게 튀어나오지는 않았다. 이때부터 서서히 안정적인 선이 보이기 시작한다.

죽음까지 욕망한 천재의 요절은 얼마나 아름다운가

가족 The family (1918년)

쉴레는 빈 분리파의 '빈 시세션'(정기전시회)에 회화와 수채 드로잉을 출품하여 대부분 높은 가격으로 팔렸다.

1918년 오스트리아의 거장 클림트는 사망했고 쉴레는 젊은 나이에 모든 사람이 인정하는 '클림트의 후계자'가 되었다. 명성과 돈이 보장된 미래가 열린 것이다.

쉴레 부부는 빈 서쪽 교외에, 정원이 있는 이층 저택을 구입하고 새로운 생활의 기대감에 부풀어 있었다.

이 시기에 그린 것이 〈가족〉이다.

그림 속의 인물 모두 옷은 벗고 있지만 치부는 가리고 있다. 남자는 쉴레 자신이고 여자는 아내 에디트이다. 에디트는 누드모델을 원하지 않았으나 어렵게 설득하여 그린 것으로 보인다. 그래서인지 에디트는 불만이 가득 찬 표정이다.

배경의 색채는 어둡지만 인물의 표정이나 동작은 비교적 안정과 행복을 엿볼 수 있다. 나라는 전쟁 중이지만 개인적으로는 희망에 들뜬 마음을 차분하게 표현하고 있다.

사람의 몸을 칠한 색채는 여러 색을 이용해 볼륨감과 입체감을 잘 표현하고 있다. 사실주의적 느낌이 예전 작품보다 더 강하게 나타나고 있다.

1918년 10월. 제1차 세계대전이 끝나갈 무렵 오스트리아에 '스페인 독감'이 기습적으로 휩쓸었다. 스페인 독감은 2년 동안 전 세계에서 무려 2,500만~5,000만 명의 생명을 앗아간 무시무시한 재앙이었다.

아이를 임신한 아내 에디트도 이를 피해가지 못했다. 임신 6개월째인 에디트는 독감이 폐렴으로 발전하여 거의 희망이 없어 보였다. 극진히 간호하던 쉴레는 마음의 준비를 하고 있었다.

그런 와중에 쉴레는 죽음의 어두운 그림자를 피할 수 없는 에디트의 마지막 모습을 그렸다.

　진심으로 사랑하는 사람을 남겨놓고 가야하는, 지치고 애절한 에디트의 눈빛이 오히려 반짝여 안타깝다.

　이 그림은 쉴레가 남긴 마지막 그림이 되었다.

　다음날 아침 8시에 에디트는 숨을 거뒀다. 쉴레는 장례식에서 에디트가 좋아했던 꽃을 대량으로 주문했고 목 놓아 슬피 울었다.

　그러나 쉴레는 장례식이 끝나고 집으로 돌아올 때 몸이 갑자기 오싹해지며 몸살기를 보였다. 바이러스에 전염된 것도 모른 채

너무 에디트 가까이에서 간호를 한 것이다.

쉴레는 집에 돌아와 바로 누워 앓다가 회복되지 못하고 3일 후인 1918년 10월 31일 아내를 따라 세상을 떠났다. 그의 나이는 불과 28세였다.

아까운 나이로 요절한 쉴레의 위대함은 끝까지 밀어붙였다는 것이다. 기존의 아카데미한 미술학교를 부정하고 스승이었던 클림트를 모방하는 아류가 아니라 스승을 뛰어넘고자 했다.

예를 들면 클림트가 주저했던 불편한 성기를 적나라하게 보여주고 심지어 자위하는 모습을 통해 욕망해도 괜찮다는 전위적 정신을 극명하게 보여 준 것이다.

욕망을 억제하고 숨기는 허위의 시대가 아니고 욕망을 인정하고 드러내 즐기는 시대가 되었다. 체면, 이중적인 것이 흠이 아니고 미덕인 나라에서 건강한 사람이란 무엇인가 다시 한 번 생각하게 한다.

앙리 마티스 Henri Matisse (1869~1954)

본능적인 색채로 일상을 탈출하다

아이처럼 살며 그리며

춤 II Dance II (1910년)

모두 발가벗고 손에 손을 잡고 둥글게 둥글게 돌며 춤을 추고 있다.

발가벗은 것이 야하지도 않고 추하지도 않고 아름답다. 그 이유는 그림의 자세한 형태를 생략한 것도 있지만 우리 마음속에 이처럼 원시인처럼 벌거벗고 춤추고 싶은 욕망이 있기 때문이다.

〈춤Ⅱ〉 그림이 우리에게 카타르시스를 주며 정신적 쾌락을 주는 이유가 바로 '원시성'이라는 단어 때문이다.

현대 문명생활은 제약도 많고 도덕과 윤리라는 이름으로 금기시 되는 것들이 많다. 이러한 통제와 규범이 정신적으로 스트레스를 주고 병을 유발시킨다. 가끔은 이런 규칙에서 조금 벗어나 원시시대로 돌아가는 것이 삶의 활력소가 된다.

가장 쉬운 예로 대중목욕탕에 가서 벌거벗고 1~2시간 때를 밀고 오면 상쾌해지는 경험을 해 봤을 것이다.

때를 밀었기 때문에 기분이 좋아진 것이 아니라 잠시나마 원시로 돌아갔기 때문에 쾌락을 느끼는 것이다.

문명 속에서 원시를 체험하는 공간이 바로 대중목욕탕인 것이다. 개인 목욕탕에서는 느낄 수 없다. 나만 벗는 것이 아니라 함께 벗어 남의 벗은 몸을 보는 것에서 우리는 원초적으로 돌아가 모두 동등한 인간이 되는 것이다.

또한 낚시, 사냥, 축구, 캠핑, 춤, 과수원체험, 나물캐기도 원시 체험을 할 수 있는 취미생활이다.

이 〈춤Ⅱ〉 그림의 색채는 강렬한 보색으로 벗은 몸이 더욱 부각된다. 마티스는 자연의 색을 칠했다. 왜냐하면 자연은 보색이기 때문이다. 자연 속에는 보색이 많다. 예를 들면 초록의 잎사귀

속에 빨간 딸기, 빨간 사과, 주황 토마토가 보색이다. 식물들도 나름 생존전략을 쓰는 것인데 동물 눈에 더 잘 띄어 따먹게 하고 자연스럽게 씨를 퍼트리기 위한 식물들의 보색 전략인 것이다.

보색을 사용하면 유치한 느낌이 들 수 있기 때문에 세련된 작품을 그릴 때는 보색을 쓰지 않는다. 그러나 마티스는 이런 것을 알고 일부러 보색을 사용했다. 어린 아이처럼 유치한 그림을 그리려고 마음먹었기 때문이다.

마티스가 한 다음과 같은 말을 보면 이것을 알 수 있다.

"어린아이가 사물에 다가갈 때 느끼는 신선함과 순진함을 보존하는 방법을 알아야 한다. 당신은 평생 어린아이로 남아 있으면서도 세계의 다른 사물들로 부터 에너지를 실어오는 성인이 되어야 한다."

마티스는 자연을 노예처럼 모방하지는 않았다.

춤 연작은 2편을 그렸는데 〈춤Ⅰ〉보다는 〈춤Ⅱ〉가 벗은 몸을 더 붉게 칠해 더욱 강력한 대비 효과를 주었던 것이다. 자연을 모방하지는 않았지만 자연의 원리는 알고 있었다.

〈춤Ⅱ〉는 RGB (Red, Green, Blue) 3가지 색으로만 사용하는 단순함이 더욱 원시적 느낌을 갖게 한다. 색 체계에서 RGB는 빛의 삼원색으로 모두 섞으면 흰색이 된다. 이를 가산혼합이라 하는데, 물감의 혼색은 감산혼합으로 CMYK체계이다.

이 작품은 물감으로 그렸지만 빛의 삼원색을 사용하여 더욱 현란하고, 보색에 둘러싸인 색은 더욱 강렬한 효과를 나타낸다. 마티스의 작품에는 이렇게 RGB를 사용한 작품이 많다. 이는 그의 작품에서 단순성과 강렬함을 더욱 극대화 하는데, 그는 이런 효과를 더욱 강조하기 위해 배경을 모두 생략했다.

마티스는 스스로 조화를 추구한다고 했는데 이 그림이 바로 조화로운 그림이다.

오른쪽으로 돌아가는 춤은 통일성과 변화가 있다. 둥근 원 모양의 통일성이 있고 한 군데 손을 살짝 놓치는 변화, 5명의 자세가 모두 다르면서 둥근 춤을 유지하는 통일성이 있는 것이다.

1910년대 평론가들은 마티스의 그림에 부정적 의미를 담아 '야수파'라고 이름을 붙였다. 야수들이 우리 안에 있는 것 같다고 해서 그렇게 폄훼했다. 야수는 서양인들에게는 부정적인 이미지를 가지고 있다.

이성이 강했던 시기에 원시적 욕망을 보여주니 평론가들은 불편했을 것이다. 색채보다 형태를 중시했던 당시에 형태는 과감히 생략하고 색채를 중시한 그림이었으니 '동물적'이라고 비난한 것이다. 그러나 정신적이고 심리적인 색의 중요성이 대두되면서 차츰 야수파들이 인정을 받기 시작하고 앙리 마티스는 야수파의 선두주자로 자리매김하게 되었다.

안락의자 같은 그림

삶의 기쁨 The Joy of Life (1905년)

〈삶의 기쁨〉 그림은 색채가 강렬하고 복잡한 느낌이지만 자세히 살펴보면 자연과 인간의 조화로운 그림이다.

에덴동산같이 평화로운 풍경을 배경으로 오른쪽 하단에서 기묘하게 껴안으며 키스하는 남녀가 눈에 들어온다. 그 옆에는 여인이 피리를 불고 있다. 그 위에는 여인 두 명이 마주본 상태로 누워있다. 오른쪽에는 한 사람이 피리소리를 동물들에게 들려주고 있다. 반대쪽에는 여인이 머리 뒤로 손을 가져가고 한 사람이 손을 씻는 것 같기도 하고 풀을 매만지는 것 같기도 하다. 그 위로 또 다른 한 쌍의 커플이 몸을 밀착시키고 있다. 그리고 가운데에서 춤을 추는 사람들이 보인다.

'정신 노동자들이 편안히 쉴 수 있는 안락의자 같은 작품을 그리겠다'고 말한 마티스의 생각을 그대로 엿볼 수 있는 그림이다.

그림의 내용이나 형태는 편안하고 평화스럽다. 원시적인 자연에 천진난만하게 모두 옷을 벗고 사랑을 나누거나 기쁨을 표현하고 있다. 부드러운 곡선 형태가 편안한 느낌을 더욱 만들어주고 있다.

이 〈삶의 기쁨〉 그림은 '스트레스로 지치고 낙담한 사람들이 내 그림을 보고 평화와 고요를 찾을 수 있으면 좋겠다'고 한 마티스의 의지가 잘 표현된 그림이다. 이러한 숭고한 생각을 하며 그림을 그린 마티스는 예술적인 의사(醫師)임에 틀림없다.

다만 색채가 전체적으로 노란 계열, 붉은 계열, 초록 계열로 강렬한 인상을 주고 사람 마음을 흥분시킨다. 마티스는 기쁨이라는 감정을 붉은색으로 표현한 것인데, 여자들이 붉은 립스틱을 선호하는 이유를 마티스의 시각으로 본다면 여자는 입술에 기쁨이라는 감정을 칠하고 다니는 것이다.

땅과 사람과 자연을 노랑, 주황, 빨강 계열의 색을 혼합해서 썼는데 이는 희망과 편안한 마음을 나타내기 위한 것이다. 따뜻한 색을 보면 기분이 좋아지는데 그래서 봄이 되면 개나리, 진달래, 벚꽃들이 노랑, 분홍, 연분홍으로 피는 것 아닐까.

또한 녹색과 자주색의 대비는 정신적 치유와 재생을 상징하여 생동감을 느끼게 한다.

마티스가 보여주는 생의 기쁨은 원초적 흥분이고 춤과 노래, 사랑이다.

그러나 기쁨이라는 주제로 그림을 그린 마티스의 삶은 정작 기쁨보다는 비극에 더 가까웠다.

젊을 때부터 맹장염, 기관지염으로 고생했고 노년기에는 손 관절염과 천식이 와서 붓을 들 힘조차 없었다. 침대에 누워서 막대 끝에 크레용을 이어붙여 그림을 그리다가 나중에는 가위로 색종이를 오려 붙이기도 했다.

마티스는 처음에는 법률가의 길을 가고 있었으나 갑작스러운 질병과 아버지의 반대로 늦은 나이에 화가의 길을 선택했다. 결혼하고 나중에는 가족과 헤어지고 고독한 생활을 했다. 세계대전 때에는 집이 폭격을 당했고 암 선고를 받았고, 71세에는 십이지장 수술을 받았다. 프랑스에서 레지스탕스로 활동하던 아내와 딸마저도 독일 경찰에 체포되었다.

물론 일생을 살면서 이 정도의 고난을 겪지 않는 사람은 없겠지만 그래도 좌절하지 않고 기쁨을 그린 마티스의 마음은 언제나 긍정 에너지로 넘쳐흘렀다.

늘 희망을 품고 사는 마티스의 다음과 같은 목소리가 들리는 듯 하다.

"우리는 어떻게 하늘에서, 나무와 꽃 속에서 즐거움을 발견할 수 있을지 배워야한다. 어떻게 우리 자신의 행복을 이끌어낼 수 있을지, 또 힘든 하루와 빛이 우리를 둘러싼 안개로 빠져드는 것으로부터 행복을 이끌어낼 수 있을지 배워야 한다."

〈삶의 기쁨〉은 프랑스 시인 보들레르의 시 '여행에의 초대'와 말라르메의 시 '목신의 오후'에서 영감을 받아 그린 그림이기에 해당 시를 살펴보면 더 이해가 빠를 것이다.

나의 사랑, 나의 누이여
꿈꾸어 보아
거기서 함께 사는 감미로움을!
여유롭게 사랑하고
사랑하다 죽자
그대 닮은 그 나라에서!
그 뿌연 하늘의
젖은 태양은
나의 마음엔 신비로운 매력
눈물 속에서 반짝이는
알 수 없는 그대 눈동자처럼

(보들레르의 '여행에의 초대' 일부)

'목신(牧神)의 오후'는 목신(牧神) '판'이 몽환적인 상태에서 님 프의 아름다운 육체를 사모하는 에로틱한 육체적 사랑을 노래 한 시이다.

판의 피리여, 네가 날 기다리는 호수가에서 다시 꽃피도록!
나는, 나의 소리를 으시대며, 여신들의 이야기를 오래오래
말하리라; 그리고 사랑하여 머리 속에 그린
그녀들의 그림자로부터 허리띠를 벗기리라 ;
하여, 나의 가짜 장식에 의해 버림받은 미련을 추방하기 위해
내가 포도주의 빛을 빨아들였을 때
웃으면서 나는 여름하늘에 들어올렸다 텅빈
포도알을, 그리고선 이 빛나는 껍질 속에 바람을 불어넣으며
취하기를 갈망하며, 저녁까지 포도껍질을 투시(透視)한다.

(말라르메의 '목신(牧神)의 오후' 일부)

그리고 한 가지 재미있는 것은 〈삶의 기쁨〉에서 가운데서 춤추 는 그림을 하나의 화폭으로 자세히 담은 그림이 바로 제일 앞에 서 소개한 〈춤 Ⅱ〉이다.

6명이 5명으로 줄어든 이유는 아마도 복잡함보다는 단순화 시 켜 더 짜임새있게 보이려고 했던 것 같다.

붉은 기운으로 액을 쫓고 우울증을 물리친다

붉은 조화 Harmony in Red (1908년)

〈붉은 조화〉는 한 눈에 그림의 형태를 찾기가 어려울 정도로 어지럽다. 마치 '숨은 그림 찾기' 같다. 실제로 무엇이 있나, 하나하나 그림 속의 사물을 자세히 찾아보고 싶은 충동이 생긴다.

〈붉은 조화〉 그림을 보면 몇 가지 의문이 들지 않은가?

어디가 테이블이고 어디가 벽인가. 왼쪽에 있는 풍경은 액자인가, 창 밖 풍경인가? 꿈틀거리며 솟아오르는 아라베스크 무늬는 식탁에 그려진 그림일까, 실제 살아있는 식물일까?

왜 명확하게 그리지 않고 의문이 들도록 애매모호하게 그렸을까? 무늬를 더욱 강조하기 위해서였을까?

방안이 불타오르는 듯 온통 빨강색에 아라베스크 무늬와 식탁에 놓인 과일, 그릇 등이 어지럽다. 여기에 크고 강한 줄기가 연기처럼 솟아오르고 있다. 그래서 생명력이 느껴지고 삶의 의지가 생겨난다.

그리고 또 다르게 해석해 보면 세상의 모든 것을 굳이 구분 지을 필요가 있을까, 하는 의문을 제기하고 싶었던 것이다.

너와 내가 구분되고 생각이 다름으로 적과 내 편으로 구분되고 하늘과 땅으로 구분되는 세상에 폭탄을 던지고 싶었던 것이 아닐까. 책상이 벽이 되고 벽이 책상이 되는 세상도 있음을 보여주고 객관성을 배제하고, 보고 싶은 대로 보라는 열린 마음을 표현한 것 같다. 내가 생각하는 마음이 중요하다는 메시지를 던져주려 한 것 같다.

마티스의 상상력이 대단하다. 마티스의 그림을 힌트로 실제로 방의 테이블과 벽의 무늬를 같게 해보고 싶은 충동이 생긴다.

마티스는 붉은색으로 도발하고 사람의 마음을 쿵쿵 뛰게 하여 차분한 마음을 흥분시키고 따분한 일상에 충격을 주어 살아있음을 느끼게 만든다.

만약 아이가 이런 그림을 그렸을 때 교과서적으로 배운 모범적인 교사라면 많은 지적을 할 것이다.

"벽지를 빨갛게 칠한 방이 어디 있니? 의자도 반이 잘리고 뭐가

뭔지 구분이 안가. 멀리 있는 무늬도 가까운 무늬와 크기가 같고 원근법이 적용이 안되었네."

논리적인 잣대로 보면 맞지만 우리는 이런 교사를 고정관념에 사로잡힌 교사라 부른다.

이 교사에게 우리는 마티스가 했던 것처럼 이렇게 대답하면 된다.

"이것은 현실이 아니라 그림입니다."

그림을 현실과 똑같이 그려야 한다면 사진을 찍지 그림으로 그릴 필요는 없을 것이다.

이 그림이 우리에게 가르쳐 주는 것은 네가 보고 싶은 대로 보라는 것이다.

마티스의 그림에 푹 빠져버린 사람이 있었는데 러시아의 무역상이자 마티스의 후원자인 세르게이 슈추킨이다. 1908년 마티스는 하모니 인 레드(Harmony in red)를 발표했는데, 이 그림은 슈추킨의 주문으로 제작된 작품으로 자신의 저택 계단을 장식하기 위해 의뢰한 것이었다. 하지만 그 즈음 슈추킨에게는 감당하기 어려운 슬픔이 닥쳐온다. 남동생과 두 아들의 자살과 부인의 죽음 등 가족을 잃은 것이다.

마티스는 절망과 슬픔 속에 빠진 그를 위로하고 삶의 활력을 찾아주기 위해서 원래의 파란색의 주조색을 빨간색으로 바꿨고 슬픔에 젖은 슈추킨에게 하모니 인 레드 (Harmony in red)는 위로가 되어 슈추킨은 다시 일어설 수 있었다는 일화가 있다.

빨간색의 원형상징은 태양, 열정, 피, 경고의 의미지만 민족마다 다르게 해석하는 경우도 있다. 한국인은 빨간색을 피와 죽음으로 연관지어 일상적으로 자주 쓰지 않지만 중국인은 빨간색을 황색과 더불어 복을 부르고 액을 막는다고 하여 국기부터 시작해서 봉투, 대문, 옷 등 일상에서 많이 사용한다.

그 기원은 아주 오래 되었는데 한고조 유방이 황제가 되고 나서 자신을 적색황제의 아들로 칭하며 색채로 이미지를 만든 이후부터라고 한다.

그러나 빨간색이 어떤 하나의 민족의 색으로만 치부하기엔 아쉬움이 있다. 빨간색의 이미지는 긍정 이미지로 해석할 수 있다. 빨간색은 피의 색과 같기에 생명력과 연관 지어 생각할 수 있기에 그렇다. 그리고 불을 연상시키기에 생존과 관련지어 중요한 색이 된 것이다.

원시종교 관점에서 보면 액을 막고 나를 지켜줄 수 있다는 믿음을 줄 수 있기에 빨간색은 좋은 기운을 가져다주는 색이다. 그래서 부적은 노랑 종이에 빨간색으로 만들고 기독교에서는 예수가 흘린 피의 상징으로 붉은 포도주를 마신다.

빨간색은 아주 강한 색이기에 사용할 때 조심스러워야 하는데 마티스는 이런 고정관념을 깨고 과감하게 화면의 3분의 2를 빨간색으로 칠해 버리니 신선한 충격을 받고 인상 깊은 체험을 하게 만들어준다.

어떤 사람들은 짜증 날 때 이 그림을 보면 짜증이 풀린다고 하는데 빨간색의 원형적 상징으로 본다면 우울할 때 이 그림을 보면 우울한 감정이 사라지고 세포가 일어나듯 활기가 넘쳐흐를 것이다. 왜냐하면 빨간색은 침울함보다는 활기와 역동적인 기분을 안겨주기 때문이다.

하지만 빨간색에 거부감을 느끼는 사람에게는 오히려 역효과를 가져올 수 있으니 이때는 강한 느낌을 좀 더 풀어주는 오렌지색이 효과가 있을 것이다.

색채는 약이 될 수 있고 의사가 될 수 있다.

약물의 부작용 없이 우울증을 개선시키려면 오렌지 컬러와 같은 밝고 따뜻한 색을 보면서 치료하면 된다.

햇빛을 쬐면 세로토닌 호르몬이 증가한다.

그러나 주의할 것은 너무 과하게 빨강색에 도취한다면 환각 등이 나타날 수 있으므로 적당히 조절해야 한다.

종이 오리기로 아이처럼 걱정없이

파란 누드 II Blue Nude II (1952년)

황인종, 흑인종, 백인종이 무엇인지는 잘 알 것이다. 그렇다면 청인종은 혹시 들어본 적이 있는가?

바로 마티스가 창조한 종족이다. 파란 색종이를 가위로 오려서 만든 종족이다.

왜 파란색으로 했을까?

아마도 추측컨대 이 세상에 없는 것을 창조하고 싶은 욕구로 그렇게 했을 것이다. 살구색이나 검은색으로 했으면 더 사람처럼 느껴지겠지만 그러면 독창성이 떨어지고 쉽게 설명되어지는 것이 싫었을 것이다.

이를 알기 위해서는 마티스의 색채에 대한 생각을 먼저 알아야 할 것이다. 그는 색채의 규범화를 거부했다. 그에게 인간의 몸은 파란색이 될 수도 있고, 빨간색이 될 수도 있는 것이다. 이처럼 그는 사물의 고유의 색을 부정하고 풍부한 색채를 표현함으로써 눈으로 보는 그림이 아닌 마음으로 볼 수 있는 그림을 표현하려한 것이다. 따라서 그는 색채를 해방시킨 화가로 인정받는 것이다.

파란색을 보았을 때 민족, 지역을 벗어나 일반적으로 연상되는 것이 시원함, 이성, 하늘, 젊음, 미래 등이다. 파란색은 하늘과 바다의 색이기에 이러한 자연을 보는 효과가 나타나 안정된 기분이 든다.

실험에 의하면 파란색을 보면 신체적으로 맥박이나 호흡, 근육 등이 이완작용을 하여 안정적인 신체가 된다고 한다. 그러므로 신경이 예민할 때나 편두통이 있을 때, 허리통증, 또 후두염이나 인후염이 있거나 목이 아플 때 파란색을 보면 효과가 있다.

흥분을 잘하는 다혈질의 사람이라면 생활 속에서 파란색을 사용하면 큰 도움이 될 것이다. 벽지, 침대보나 수건을 파란색을 활용한다면 심신 안정에 도움이 된다.

파란색은 또 청바지가 떠오르는데 젊음의 상징, 활기찬 노동의 상징이다. 젊음을 유지하고 싶다면 파란 청바지를 입으면 된다.

참고로 파란색의 종류를 살펴보면 연한 쪽에서 진한 순으로 베이비 블루, 아쿠아마린, 섹시블루, 스카이블루, 코발트 불루, 네이비, 프러시안, 인디고 순이다.

〈파란 누드Ⅱ〉를 언뜻 보면 초등학생이 마음대로 오려놓은 것 같지만 자세히 보면 고도의 미적인 구도와 배치, 조형이 있다.

옷을 벗었다고 누드(Nude)라고 하는데 사실적이 아니고 반추상이라 관능적이지는 않다. 다리와 가슴 정도만 누드로 보이고 다른 부분은 주관적 조형미로 만들었다.

인체의 균형 잡힌 아름다움을 살리기 보다는 마티스가 바라본 인체를 재해석하여 물결처럼 흐르는 곡선의 미를 보여주었다.

그래서 마치 자연의 모습이라고 해도 맞을 것 같다. 세워진 무릎은 높은 산이고 꼬아진 다리는 흘러내리는 물줄기다. 위로 올려진 팔은 구름이다. 깎아지른 절벽 위에 있는 머리는 산정이고 산정 위로 구름이 흘러간다.

어떻게 보면 단순하고 누구든 쉽게 할 수 있을 것 같은 작품이 왜 그렇게 호평을 받는가. 그것은 미술 작품의 고유한 가치 뿐 아니라 화가의 집념과 예술에의 의지가 감동을 주기 때문이리라.

마티스는 71세에 결장암 때문에 수술을 여러 번 받았고, 회복되지 않아 침대에서 일어날 수 없었다. 그 후 관절염과 천식, 심장병이 생겨 붓을 들고 이젤 앞에 서있는 것조차 불가능했다. 화가로서는 치명적인 일이었고 이제는 화가를 포기하고 쉬어야 하는 입장이 된 것이다.

그러나 마티스는 그림을 포기하지 않고 계속 할 수 있는 방법을 찾았다. 여기서 마티스의 창의성이 다시 한 번 빛나는데 꼭 물감으로 캔버스에 그려야만 그림일까, 이런 의문을 품고 다른 방법으로 그림을 그린 것이다.

바로 가위를 들고 색종이를 오려서 붙이는 방법으로 창작열을 불태웠던 것이다.

종이 오리기는 침대에 누워서 조수의 도움을 받아 할 수 있는 작업이었다. 조수들이 과슈(Gouache)라고 부르는 불투명 수채화구를 칠해서 미리 준비한 색종이를 마티스는 붓처럼 가위를 들고 원하는 형태로 만들어서 흰색 종이 위에 붙였다.

누구나 어린 아이 때 많이 했던 이 '종이 오리기'는 회화의 대안이 아니라 독립된 하나의 장르로 개발하여 완성도를 더 높힐 수 있다고 만족해했다. 늘 긍정적인 자세가 위기를 기회로 만드는 것이다.

고령과 질병으로 몸을 제대로 움직이지 못하는 몸으로 예술을 향한 불타는 열정이 존경과 더불어 깊은 경외감을 느끼게 한다. 그림 방법에 대한 전환과 끊임없는 창작열이 감동을 불러일으킨다.

마티스는 84세에 심장마비로 생을 마감할 때까지 색종이 그림으로도 명작을 많이 남겨 우리에게 도전의식을 느끼게 한다.

우리도 가끔은 어린 아이로 돌아가 보는 것은 어떨까?

거창하게 물감을 짜고 붓을 드는 것이 부담이 된다면 가위를 들고 종이를 오리는 지극히 단순하고 유치한 작업으로 정신적 스트레스를 날려버릴 수 있다. 치매예방으로 종이오리기 프로그램도 이러한 이유로 만들어진 것으로 보인다.

심리적 기저 중에서 '퇴행'적 행위를 해 봄으로서 자연스럽게 심리 치유를 할 수 있다.

빈센트 반 고흐 Vincent van Gogh (1853~1890)

노란 해바라기처럼 강렬한 삶을 그리다

잎새에 이는 바람에도 괴로워했다

감자 먹는 사람들 The Potato Eater (1885년)

명화와 대화하는 색채 심리학

희미한 등불이 빛나고 있다. 하지만 작은 등불 하나로는 어둠을 다 몰아낼 수 없어 밝음보다 어둠이 더 강하다.

어둠의 색처럼 5명의 가족들의 삶은 가난하다. 오늘도 노동을 마치고 모여 앉았지만 먹고 있는 것은 감자 뿐이다.

고흐는 동생 테오에게 편지로 그림 〈감자 먹는 사람들〉의 의도를 밝혔다.

"나는 램프 불빛 아래서 감자를 먹고 있는 사람들이 접시로 내밀고 있는 손, 자신을 닮은 바로 그 손으로 땅을 팠다는 점을 분명히 보여주려고 하였다."

노동의 가치, 땀의 가치를 보여주려 한 것이다. 이 작품은 그 시대 어렵게 살아가는 민중들의 맨얼굴을 그대로 보여주는 작품이다.

고흐는 이렇게 말한다.

"농부들의 손을 보면 그들이 흘린 땀방울을 읽을 수 있지. 거친 손은 직접 일구어낸 감자를 식탁에 올리는 정당한 노동의 표시야."

라파르트가 이 그림을 보고 왜 이렇게 지저분한 색을 사용했냐고 묻자 고흐는 이렇게 대답한다.

"나는 더 어둡고 지저분한 빛깔을 그릴 것이다. 탁한 빛깔 속에 얼마나 밝은 색이 있는지 사람들은 모른다."

철학적이고 역설적이며 정신적 가치를 중요하게 생각하는 진정성이 담긴 말이다.

가난한 사람들의 모습을 사실주의 화법으로 표현하여 가식과 기교를 배격한 고흐의 진심어린 마음이 숭고하고 아름답다.

그 당시 인기 있는 그림의 대상은 성서, 신화, 풍경, 정물이었는데 고흐는 아무도 거들떠보지 않는 것에 눈을 돌려 낮은 자에게 따뜻한 시선을 주었다. 그래서인지 그림은 하나도 팔리지 않았다. 살아있을 때 부귀영화를 생각하지 않고 진실을 향해 달려갔던 고흐의 위대함이 시작되는 시점이다.

민중들의 삶은 어둡고 암담하지만 마냥 어둡지 않고 그 속에 희망이 있다는 고흐의 자전적 해설이 큰 위로가 되어 다가온다.

한국의 대표시인 윤동주처럼 잎새에 이는 바람에도 괴로워했던 진실한 화가, 반 고흐. 섬세하고 여린 심성으로 가난한 사람들을 사랑하는 마음을 가졌던 반 고흐는 초기에는 낮은 위치에서 성실히 살아가는 사람들에게 관심을 많이 가졌다.

이 시기에 어두운 황토색과 고동색을 많이 사용했다. 그 지방의 날씨는 맑은 날이 드물어서 색이 그렇게 어둡게 된 것이다. 하지만 아이러니하게 화가로서 초창기 시절인 이 시기가 고흐에게는 그나마 마음이 편안하고 행복했던 시기였으리라. 마음의 병도 없었고 가장 활기에 넘친 시기였으니 말이다.

〈감자 먹는 사람들〉을 그린 시기는 여러 직업을 전전하다가 적

응에 실패하고 네덜란드 누에넨에서 머물렀던 시기이다. 어느 날 호르트 농부의 집을 지나치다가 인상적인 모습을 보고 그 순간을 그림으로 남긴 것이다.

고흐는 이곳 사람들과 풍경이 마음에 강하게 와닿아 밀레처럼 농민과 서민을 화폭에 담고자 마음먹었다.

우리 삶의 진정한 가치도 이처럼 하루의 어느 한 때 꾸미지 않고 과장하지 않은 순간을 행복하게 여기는 것이다. 가족과 소박한 식사를 할 때, 동물과 교감을 나눌 때, 피곤에 지친 몸을 잠시 쉬며 낮잠을 잘 때, 내가 좋아 하는 취미 생활을 할 때가 진정 행복한 시간이라고 느낀다면 최고의 삶을 만들 수 있을 것이다.

이 작품을 완성하고 고흐는 여동생 빌헬미나에게 이렇게 편지를 썼다.

"감자를 먹는 농부를 그린 그림이 결국 내 그림들 가운데 가장 훌륭한 작품으로 남을 것이다."

노동자들과 농민에게 관심을 갖고 이들의 소중한 삶을 화폭에 담아 간직하고자 하는 위대한 예술가 정신은 종교보다도 숭고하다. 어쩌면 고흐는 그림으로 종교 활동을 한 셈인지도 모른다.

고흐는 사실 아버지의 뒤를 이어 목사가 되려고 했었다. 하지만 신학교시험을 칠 즈음에 이모부의 딸을 짝사랑하여 고백했다가 거절당했다. 또한 교회에 순수하고 진정한 종교지도자를 찾아볼 수 없어 회의감이 들었다.

결국은 목사 시험에 떨어지고 벨기에 브뤼셀 탄광지대에서 전도사로 일을 하게 되었다. 여기서 가난한 사람들의 실상을 보게 되었고 이들에게 애정을 가지고 사역하였다. 그러나 너무나 극단적으로 고행을 한 것이 오히려 선교단체에서 해고당하게 된 계기가 되었다. 한 가지 예를 들면, 가지고 있는 돈을 모두 가난한 사람에게 주어 난처한 상황이 된 적이 있었다.

고흐는 그 후 목사를 포기하고 화가였던 외사촌에게 그림 지도를 받으며 화가를 꿈꾸었다. 그러나 고흐의 괴팍한 성격 때문에 외사촌과 마찰이 있었다.

고흐는 하나님의 말씀을 실천했는데 극단적이어서 사람들에게 지탄을 받게 되었다. 불우한 사람들에게 애정이 있어서 그 당시에도 최하층민으로 여기는 매춘부와 동거를 하는 등 파행적인 행동을 하자 아버지는 고흐를 정신병원에 입원 시키려 했던 것이다.

진정한 사랑과 연민으로 누구도 거들떠 보지 않는 비천한 여자를 사랑한 것이 이상한 것인가, 그것을 이해하지 못한 사람들이 이상한 것인가.

세속적이고 현실적인 사람들은 고흐의 행동을 이상하게 보고 정신병자 취급을 했다.

이 때 가족들이라도 고흐의 내면을 알기 위해 노력하고 위로했다면 고흐는 이후로 비극적인 시간이 펼쳐지지는 않았을 것이다.

노란 마음에 노란 태양이 가득히

해바라기 Sunflowers (1888년)

1888년 여름, 고흐는 아를(Arles)에서 해바라기 연작에 전력을 다했다. 지친 파리에서의 생활을 접고 지중해의 태양이 빛나는 곳으로 온 그는 찬란한 태양 아래 눈부신 색채로 노란 밀밭풍경을 그렸다. 또한 세든 '노란집'에서 인상파 화가들의 예술 공동체의 실현을 기대했었다.

고흐는 동생 테오의 도움으로 고갱의 승낙을 받았고, 고갱을 맞이할 기대에 차서 고갱의 방을 장식할 노란 해바라기연작을 준비한다. 이 시기가 고흐의 일생 중 가장 행복했던 시기가 아니었을까 생각해본다. 그에게 있어서 강렬한 노란색은 활력, 에너지, 빛과 희망, 기대 그리고 환희와 행복의 색채였으리라.

고흐의 아버지는 돌아가시고 파리에 잠시 머물던 때 일본 그림에 영향을 받아 밝은 색채로 바뀌게 되었다.

대도시 파리에서 숨막히던 고흐는 따뜻한 프랑스 남부로 가고 싶어 했다. 드디어 아를(Arles)로 가서 고갱이 오기를 기다리고 있었다.

고흐는 해바라기를 연작으로 그렸는데 이 그림은 가장 나중에 그린 것이다. 처음에는 세 송이로 시작했다가 열 다섯 송이로 늘어나며 변화되었다. 배경도 바뀌었는데 청록색에서 연두색에 가까운 배경으로 바뀌었다.

고흐는 희망을 상징하는 해바라기를 좋아했다. 아니 어쩌면 노란색을 좋아해서 해바라기를 좋아했는지도 모른다. 집의 벽을 노란색으로 칠하고 고갱을 기다릴 정도이니 집 자체가 큰 해바라기가 된 셈이다. 고흐는 노란색의 강렬한 힘에 마음을 빼앗겼다.

고흐는 고갱의 방을 장식해 주기 위해 해바라기 그림을 그렸다. 동생 테오에게 해바라기 그림에 대한 생각을 편지에 썼다.

"일본 사람들이 하는 방식으로 나는 아주 큰 캔버스 여섯 점으로, 특히 커다란 해바라기들로 이 작디작은 방을 채우고 싶다. 너도 알다시피 일본 사람들은 직관적으로 대비를 추구하지. 그래서 달콤한 고추와 짠맛이 나는 과자를, 튀긴 얼음과 얼린 튀김을 먹지. 나 역시 같은 체계를 따르자면 커다란 방에는 아주 작은 그림들을, 아주 작은 방에는 큰 그림들을 넣어야 하는 것이다."

해바라기를 있는 그대로 사실적으로 그린 것이 아니라 빛과 색채를 통해 들어오는 영혼의 정서를 그렸다.

해바라기는 아무 곳에서도 잘 자라지만 양지 바른 곳에서 잘 자란다. 이런 해바라기의 특성을 통해 고흐가 추구했던 가치관을 유추해 볼 수 있다. 고흐는 궁극적으로 암울함보다는 긍정적이고 밝은 면을 추구하려 했던 것이다.

동생 테오에게는 이렇게 편지를 썼다.

"이것은 환한 바탕으로 가장 멋진 그림이 될 것이라 기대한다."

고흐는 따뜻한 프랑스 남부 지방에 와서 안정된 삶을 기대했던 것이다. 노란, 연초록 등 따뜻한 색으로 안정과 희망을 상징하기에 그것을 알 수 있다.

그림 〈해바라기〉를 보고 있노라면 삶의 의지를 느낀다. 고흐가 해석한 꽃잎은 강한 몸부림을 치며 태양 가까이 가려는 생물 같다. 두터운 물감으로 칠해진 해바라기가 마치 살아 꿈틀거리는 것 같다.

괴테는 노란색에 대해 이렇게 말했다.

"노랑은 더할 나위 없이 높은 순수함에서 밝은 본성을 지니고 있어 유쾌하고 명랑하고 다채롭고 부드럽다."

이 시절 고흐는 200여 점의 그림을 그렸다. 그림을 그리지 않고서는 견딜 수 없는 병에 걸린 사람처럼 그림에 빠져 살았다. 이때 그려진 그림들 중에서 명작들이 많이 나왔다.

고흐는 알콜 중독으로 방탕하게 산 것 같지만 그림을 그리기 위해 부지런히 붓을 들었고, 하루 대부분의 시간을 그림 그리는데 바쳤다. 이 정도면 화가로서 성실하게 산 것이리라. 다만 남보다 더 몰두하여 광적으로 된 것이 아닐까?

"나는 해가 뜨면 아침부터 작업에만 몰두해. 꽃은 빨리 시들기 때문에 재빨리 다 그리는 것이 무엇보다 중요해."

이 말을 현재 우리 자신의 일에 적용해 실천한다면 성공하지 않을래야 않을 수 없을 것이다.

나를 응시 한다.

파이프를 물고 귀에 붕대를 한 자화상
Self Portrait with Bandaged Ear and Pipe
(1888년)

고흐가 고갱과 다투고 귀를 자른 후 그린 유명한 자화상인 〈파이프를 물고 귀에 붕대를 한 자화상〉을 본질 그대로 표현하면 '자해를 하고 나서 그 상태를 그린 것'이다.

이 문장을 객관적으로 그대로 받아들이면 참으로 끔찍한 일이다. 자해를 하고 나서 그 증거를 그렸으니 말이다. 하지만 이것이 예술이 되는 이유는 사실을 기록한 적나라한 사진이 아니고 화가의 생각과 감정이 담긴 그림이기 때문이다.

고흐는 귀를 붕대로 감싸고 '차이나 블루'의 눈으로 무엇인가를 깊이 응시하며 담배연기를 내뿜고 있다.

그림의 배경은 두 개로 분할되어 노란색과 붉은색의 따뜻한 색으로 칠해져 있다. 옷과 모자는 차가운 계열의 색으로 되어 있는데 이를 극명하게 대비하여 강조 효과가 나타난다. 배경의 강렬한 색은 고흐의 현재 심리 상태를 잘 나타내고 있다.

배경의 주황은 빛과 따스함의 활력 있는 색으로 즐거움을 주고 생명력이 넘치며, 신경쇠약이나 우울증에 도움이 되는 색이다. 붉은 빛이 많이 도는 주홍은 불안, 흥분, 자극 등의 의미로 해석하여 아직은 불안한 심리가 남아있음을 알 수 있다.

하지만 전체적으로 따뜻한 분위기에 파이프를 물고 있는 모습에서의 여유로움을, 그리고 녹색의 외투에서 편안함과 안정을 찾고 싶은 심리와 그러한 상태임을 보여주고자 함을 알 수 있다.

도대체 무슨 일이 있었기에 고흐는 자해할 정도로 극도의 불안을 보였을까?

이 시절 화가공동체를 목표로 고갱과 같이 생활하고 있었다. 그러나 고갱과 고흐는 그림을 그리는 화풍이 달랐다. 고흐는 밀레처럼 대상을 있는 그대로 정직하게 그리는 것을 추구했고 고갱은 그것 자체가 불완전하기에 그대로 그릴 수 없다는 입장이었다.

모델인 지누 부인을 그리다가 의견이 안 맞아 다투고 나서 결정적인 사건은 고갱이 고흐를 모델로 그린 〈해바라기를 그리는 반고흐〉 때문에 일어났다. 이 그림에서 고갱은 고흐의 눈동자를 술에 취한 사람처럼 풀린 듯 그렸다.

고흐는 이것을 자신의 정신이 분열되거나 착란을 일으킨다는 것으로 해석하여 불만을 품고 앱생트 술을 마시다가 술잔을 집어던졌다.

얼마 후 화해하기 위해 둘은 몽펠리에로 여행을 떠났다. 하지만 오히려 더욱 관계가 악화되어 고갱이 떠나려 했다. 고흐는 고갱을 어떻게든 붙잡으려 했지만 뜻대로 되지 않자 화를 참지 못하고 자신의 귀를 잘라버린 것이다.

고흐는 결코 남을 해치는 심성이 되지 못하고 자해를 함으로서 자기에게 공격성을 분출하여 문제를 해결했다.

고흐는 자존심이 강하고 예민하며 내성적인 성격이었던 것 같다. 괴로울 때는 누군가를 해치는 것이 아니라 자기 자신을 해치는 자해를 통해 울분을 해소하려 한 것이다.

불안하고 괴로우면 자해하는 이유가 무엇일까?

심리적 고통이 너무 커서 해결한 방법이 없으면 자신의 신체적 고통을 유발시켜 잠시나마 정신적 고통을 잊으려 한다는 것이다. 고통 받는 사람 입장에서는 하나의 해결책이겠으나 다시 자신에게 고통을 주는 것이니 좋은 방법은 아니다.

또한 남에게 자신의 고통을 보여주어 '나 이렇게 힘들다'는 것을 확신시켜 주기 위한 신호로도 사용된다. 관심을 받고 싶고 위로를 받고 싶은 마음을 이렇게 과격한 행동으로 보여주는 것이다.

혹시 주변에 자해하는 사람이 있다면 말로 표현하기 힘들어 하는 사람이니 야단이나 비난만 하지 말고 따뜻한 위로의 말을 건네는 것이 필요하다. 또한 자신이 자해를 하고 싶을 정도로 괴롭다면 주변에 다른 방법으로 신호를 해 보자.

자해는 흔적을 남긴다. 보기 싫은 흔적을 남기지 않고 신체적 고통을 통해 정신적 고통을 잊어보려면 방법은 많다. 자신의 몸을 극한 상태로 만드는 것이다.

심한 운동이나 오래걷기, 등산, 중노동, 춤 등 몸으로 할 수 있는 일을 하면 정신적인 고통이 덜어질 것이다.

항간에는 고흐가 자해한 것이 아니고 고갱이 펜싱칼로 고흐의 귀를 자른 것인데 고흐는 고갱이 처벌받는 것을 원치 않아 자신이 자른 것이라는 말이 있다.

사정이 어쨌든 고흐는 이 사건으로 불안증세가 심해져 정신병
원에 입원하게 되었다.

　의사는, 고흐가 그림에 열정이 강하다는 것을 알고 그림을 그리
도록 퇴원을 시켜주었으나 물감이나 석유를 먹으려는 증세 때문
에 다시 입원하였다. 고흐는 다른 병원으로 가기를 원해서 생 레
미로 가게 되었다.

무얼 말하려 했는지 나는 압니다

별이 빛나는 밤 The Starry Night (1889년)

생 레미에 와서 그린 대표적인 그림이 〈별이 빛나는 밤〉이다.

고흐는 고갱과 헤어지고 괴로워 하다가 생 폴 정신병원에 스스로 입원하여 잠 못 이루는 밤에 창밖의 풍경을 자주 내다보았다. 그러던 어느 날 밤에 이 그림을 그린 것이다. 이렇게 아름다운 풍경이 있는 병원이라면 병이 금방 나을 것도 같다.

하지만 고흐는 조용하고 정적인 풍경으로 그리지 않았다. 소용돌이치는 구름, 꿈틀거리며 하늘로 솟은 사이프러스 나무, 빛을 둥글게 뿜어내는 별과 달, 광적인 흥분상태를 나타내는 강렬한 색채와 거친 붓 터치로 마치 고흐의 마음을 보는 것 같다.

가운데 교회 첨탑이 우뚝 솟은 마을의 정경은 평화스럽다.

그러나 아마도 고흐의 눈에는 세상이 그림처럼 소용돌이로 보였을 것이다. 왜냐하면 사실주의를 추구하던 화가가 몽상적인 화풍이 되었기에 그렇다. 보이는 대로 그린 것이 이렇다면 매일 꿈을 꾸는 듯 휘몰아치는 세상, 광풍이 부는 세상이 얼마나 괴로웠을까?

고흐는 남들이 보지 못하는 것을 보았다. 그리고 그것을 그림으로 보여주었다. 그렇다면 고흐는 천재인데 그것을 병으로 규정해 버리니 천재들은 모두 박재되어 버리는 안타까운 일들이 벌어지는 것이다.

천재와 정신병 사이는 종이 한 장 차이일까, 근본적으로 다른 것일까? 연구해 볼만한 가치가 있는 주제이다.

고흐는 미국의 시인 월트 휘트먼(Walt Whitman)의 시에 감동을 받아 이 그림을 그렸다.

이 시에 나오는 별과 달에 영감을 받아 그림의 별과 달의 이미지를 창조한 것이다.

한밤 중 홀로 뒷 마당, 여러 생각이 잠시 내게서 멀어 진다

아름다운 자비의 신을 내 곁에 모시고 옛 유대의 언덕을 거닐고

공간을 달리고 하늘과 많은 별들 사이를 달린다

일곱 위성과 그 거대한 직경 8만 마일의 궤도 사이를 돌진하고

초승달 어린 아이가 제 뱃속에 보름달 엄마를 데리고 간다

난폭하며 향락에 젖고 획책하고 사랑하고 경계하며

후퇴하고 채우고 나타났다가 사라진다

나는 밤낮으로 이런 길을 걷는다

– 월트 휘트먼 (나 자신의 노래 Song of Myself)

'초승달 어린 아이가 제 뱃속에 보름달 엄마를 데리고 간다' 이 구절이 의미심장하고 독창적이다. 그림에서 초승달과 보름달이 겹쳐서 그려져 있는데 이것이 바로 이 시를 표현한 것이다.

인상파 화가들은 야외의 풍경을 통해 보이는 빛을 중요하게 여겼다. 고흐는 밤 풍경에서조차 빛을 찾아내어 내면을 표현하는 좋은 작품을 남겼다.

이 그림 외에도 밤 풍경의 걸작으로 〈론강의 별이 빛나는 밤〉, 〈아를 밤의 카페〉, 〈아를 광장의 밤의 카페 테라스〉 등이 있다.

고흐는 밤을 좋아했다. 동생 테오에게 보낸 편지에 이렇게 적

었다.

"적어도 나에겐 색채가 낮보다 밤에 더 살아있고 풍부한 느낌이다."

고흐는 밤에도 그림을 그리기 위해 카페에서 밀짚모자 위에 촛불을 켜놓고 다른 손님들은 신경을 쓰지 않고 그림을 그렸다고 한다.

고흐는 또 그림과 관련하여 시처럼 아름다운 글을 남겼다.

"별을 보는 것은 언제나 나를 꿈꾸게 한다. 왜 하늘의 빛나는 점들에는 프랑스 지도의 검은 점처럼 닿을 수 없을까? 타라스콩이나 루앙에 가려면 기차를 타듯이, 우리는 별에 다다르기 위해 죽는다."

고흐는 이렇게 이상적이고 낭만적인 생각으로 유토피아를 꿈꾸었다.

고흐는 늘 자신의 그림에 대해 부족하다고 생각했다. 〈별이 빛나는 밤〉 그림에 대해서도 역시 마찬가지였다. 물론 평론가들도 좋은 평을 하지 않았다. 하지만 이 시기에 서서히 그림을 팔리기도 하면서 호평을 받기 시작하던 시기였다. 그러나 고흐는 이런 현실적인 것에 관심이 없고 오로지 더 좋은 작품을 그리기 위해 몰두했다.

고흐가 죽고 나서 그의 작품 평은 완전히 달라졌다. 1941년부터 뉴욕 현대미술관(MOMA)에서 상설 작품으로 전시되었으며, 1973년에는 네덜란드 암스테르담에 반 고흐 미술관이 설립되었다.

죽어서 고흐는 어떤 별이 되어 우리를 보고 있을까.

돈 맥클린(Don Mclean)이 감미로운 목소리와 멜로디로 부른 'Vincent'의 가사가 새삼 마음 깊이 파고든다.

별이 반짝이는 밤에 / 팔렛트에 파란색과 회색을 칠하세요 / 여름날에 바깥을 바라보아요 / 내 영혼의 어둠이 무엇인지 아는 눈으로

Starry, starry night: / Paint your palette blue and gray. Look out on a summer's day / With eyes that know the darkness in my soul.

이제 난 알아요 / 그대가 말하려고 했던 것이 무엇인지 / 미칠 것 같은 마음이 얼마나 괴로웠는지 / 그리고 얼마나 고통에서 벗어나려 했는지 / 사람들은 들으려고도 알려고도 하지 않았지만 / 아마 이제는 듣고 있을 거예요

Now I understand / What you tried to say to me, / And how you suffered for your sanity / And how you tried to set them free. / They would not listen; they did not know how. / Perhaps they'll listen now.

에드바르트 뭉크 Edvard Munch (1863 ~ 1944)

운명을 사랑한 열정의 화가처럼

검붉은 '절규'에서 환한 '태양'으로

절규 The scream (1893년)

뭉크가 서른 살에 그린 〈절규〉라는 이 그림을 보고 있노라면 공포에 질려 절규하는 사람의 감정에 동요되어 나도 모르게 소리 지르고 싶은 마음이 생긴다.

어느 해설에 의하면 뭉크가 소리 지르는 것이 아니라고 하지만 예술은 정답이 있는 것이 아니다. 예술은 보는 사람마다 다를 수 있으며 느끼는 사람의 감정이 중요하다.

아무튼 현대사회에서 아무 때나, 아무 곳에서나 소리를 지른다면 이상한 사람으로 취급받기 쉬울 것이다. 자연스럽게 산에 올라가 소리 지르기, 운동하면서 원시적 본능으로 발산하기, 음악이나 예술로의 발산을 해야지 지하철이나 공공장소에서 소리 지르면 신고를 당하게 된다.

뭉크는 색채를 이용해 감정을 표현하려 하였는데, 핏빛의 구름과 왜곡된 형태는 절망적인 심리의 표출이라 할 수 있다. 그의 작품에서는 주로 붉은색, 갈색, 검은색, 그리고 보라색과 파란색 등이 사용되는데 작품마다 그러한 색채들은 그의 심리상태를 표현하고 있다. 이러한 요소들은 표현주의의 특징적 요소라고 할 수 있다.

〈절규〉그림의 배경으로 뭉크의 비극적인 가족사를 이야기하는 것이 일반적이다. 다섯 살 때 어머니의 죽음, 열네 살 때 누나의 죽음, 아버지와 남동생도 뭉크가 어렸을 때 죽었고 다른 여동생 로라는 우울증으로 정신병원에서 사망했다.

감수성이 예민한 어린 시절부터 가족 대다수의 죽음과 불행을 지켜보면서 뭉크는 어떤 생각을 했을까?

뭉크는 항상 죽음이 자신을 쫓아다니는 불안과 두려움을 느꼈을 것이다. 자신도 언제 죽을지 모르기에 죽음의 그림자가 늘 따라다니는 강박관념에 시달렸을 것이다.

'절규'를 그릴 즈음, 현실적인 좌절도 암울한 그림을 그리게 된 배경이 될 수도 있다.

1892년에 뭉크는 베를린 예술가협회의 초청을 받아 독일에서 그림을 전시하게 되었다. 그는 55점의 작품으로 전시회에 참가했다. 그러나 독일의 당시 사회 분위기가 이렇게 암울한 그림을 받아들일 수 있는 사회가 아니었다. 프랑스와의 전쟁에서 이기고 축제와 희망에 찬 독일 사회에 이렇게 암울한 그림은 환영받지 못하고 배척되었다.

전시회는 결국 1주일 만에 중단되었고 독일 미술가협회는 이 문제를 가지고 분열되었다. 그리고 뭉크는 실의에 빠지게 되었다.

그러나 이 그림의 모티브는 전적으로 개인적인 요인만 작용했을까?

화가 뭉크와 함께 / 이승하

어디서 우 울음소리가 드 들려
겨 겨 견딜 수가 없어 나 난 말야
토 토하고 싶어 울음소리가
끄 끊어질 듯 끄 끊이지 않고

드 들려와

야 양팔을 벌리고 과 과녁에 서 있는

그런 부 불안의 생김새들

우우 그런 치욕적인

과 광경을 보면 소 소름 끼쳐

다 다 달아나고 싶어

도 동화同化야 도 동화童話의 세계야

저놈의 소리 저 우 울음소리

세 세기말의 배후에서 무 무수한 학살극

바 발이 잘 떼어지지 않아 그런데

자 자백하라구? 내가 무얼 어쨌기에

소 소름 끼쳐 터 텅 빈 도시

아니 우 웃는 소리야 끝내는

끝내는 미 미쳐버릴지 모른다

우우 보트 피플이여 텅 빈 세계여

나는 부 부 부인할 것이다

– 출처 : 시집 '사랑의 탐구' (문학과지성사, 1987)

말더듬는 화법을 사실감 있게 표현한 위 시는 뭉크를 소재로
1984년 중앙일보 신춘문예에 당선된 시이다.
　이 시는 개인의 불안이 학살을 자행한 암울한 시대적 배경으로

부터 시작되었다고 이야기 하고 있다.

개인은 시대와 환경에 영향을 받을 수 밖에 없다.

실제로 '절규'의 붉은 노을은 뭉크의 환영이 아니라 그 당시 노르웨이의 하늘에 이런 빛깔의 노을이 생겼다고 한다. 비슷한 시기에 인도네시아 크라카타우 섬에 큰 화산 폭발이 있었는데 화산재가 유럽까지 날아와 하늘을 붉게 물들였기 때문이라는 것이다.

또한 뭉크가 젊은 시절을 보낸 크리스티아니아(현재 오슬로) 시의 분위기도 절규할 수 밖에 없는 상황이었을 것이다. 그 도시의 상류계급은 독선적이며 문화예술에 대한 관심이 부족하고 생각도 고리타분했다고 한다.

뭉크는 젊은 시절부터 낡은 것을 배격하고 새로운 생각을 가진 자유분방한 사람들과 어울리면서 구닥다리 인습을 거부하는 가치관이 생겼고 기존의 답답한 분위기가 절규를 하게 만들었을 것이다.

그림 〈절규〉는 보편적인 감정인 불안을 표현했기에 한국의 현대사에 대입해도 잘 들어맞고 공감된다.

'화가 뭉크와 함께'라는 시는 세계 여러 곳에서 자행된 학살 사건에 대해 말하는데 한국에서 80년 광주에서 일어난 학살 사건을 대입하면 절규하는 장면이 깊이 공감된다.

한국에서 절규하게 만드는 환경은 많다. 입시 전쟁, 취업 전쟁, 부정과 비리가 판치는 사회, 노력해도 희망이 보이지 않는 사회, 헬조선, 이라는 신조어가 대변하는 사회에서 답답하여 소리치고 싶은 것들은 많다.

드러내기 불편한, 불안의 감정을 표현한 그림이 왜 고가에 팔리고 사람들이 명작이라고 칭송할까?

그것은 그림 속에서 솔직한 인간 본성의 감정을 보기 때문이다. 그림 속의 인물이 나의 마음을 대변하는 역할을 하여 실제 소리를 지르지 않아도 소리를 지른 것처럼 감정을 발산하는듯한 역할을 하여 대리만족을 느끼며 카타르시스를 느끼게 하기 때문이다.

그림 〈절규〉에서 물결처럼 흘러가는 붉은 노을은 심장을 쿵쿵 뛰게 하여 흥분을 고조시키고 거칠게 소용돌이치는 검푸른 바다는 금방이라도 사람을 집어삼킬 듯 화가 나 있다.

절규하는 사람의 뒤에는 검은 옷을 입은 2명이 미행하고 있는 것처럼 보인다. 그들은 저승사자 같은 모습으로 앞 사람을 잡아가려는 듯 쫓아오는 긴박한 상황이다. 그림 속의 주인공은 외계인 같은 모습으로 거대한 폭음이나 환청이 들리는지 귀를 막고 있다.

시각과 청각을 자극하는, 실제 이런 상황이 된다면 극도의 공포와 불안으로 죽을 것 같을 것이다.

무의식을 주장했던 프로이트 식으로 '절규'를 해석하면 현대인들은 감정을 억누르며 살아야 하기에 일상의 분노와 공포를 표출할 방법이 마땅치 않다. 특히 상대방을 배려하는 것이 예의라고 생각하는 동양인이나 내성적인 사람들은 공포나 불안의 감정을 직접 드러내면 안 되는 것처럼 생각한다.

친절과 예의라는 이름으로 드러나는 빙산의 5% 밑에 감추어진 95%의 동물적 본성을 그림이 보여주어 불편함을 주지만 가면을 벗어버린 것 같아 한편으로 쾌감이 일기도 한다.

'착한 사람 콤플렉스'에 걸린 사람이 보면 아주 불편하겠지만 누구나 저 깊은 곳에 이런 감정이 있다고 인정하는 것 자체만으로 아프지 않게 살아가는 방법이다.

그림의 인물이 무엇 때문에 비명을 지르는지, 직접적인 대상을 보여주지는 않지만 거친 붓 터치와 붉은 노을과 불안전한 다리, 바다 위에 작은 나뭇잎 같은 배, 검은 옷을 입은 사람을 통해 원인을 폭넓게 보여주었다.

공포의 원인은 핵폭탄이나 야수, 무기일 수 있겠으나 구체적으로 이런 사물을 보여주기보다 상징적인 색채와 붓 터치와 노을과 사람만 보여주고 있다.

자연이 동경의 대상이기도 하지만 무한한 절대적 힘 앞에서는 인간은 속수무책이고 결국 귀신보다는 사람이 가장 무섭다는 것을 보여주어 고정관념을 깨는 통찰을 보여주고 있다.

귀신은 인간이 만들어낸 허상일 뿐이고 바로 사람이 사람을 해치는 가장 무서운 존재인 것이다.

자연이 아름다움과 동경의 대상이면서 동시에 공포라는 것은 통계에 잘 나타나는데 교통사고가 가장 많이 일어나는 시간대는 노을이 지는 시간대라고 하고 또한 이 시간대에 다리에서 자살이 많이 일어난다.

전쟁은 사람이 사람을 죽이기 위해 일어나는 것이지 동물이 일으키지도 않고 동물이 조직적으로 사람을 해치지는 않는다. 뭉크는 야만적인 산업사회에 인간의 존엄성에 대해 중요한 메시지를 던져주고 있는 것이다.

가만히 그림을 들여다보고 있으면 처음에는 무섭고 공포스럽지만 시간이 흐르면 차분해 질 것이다. 왜 그럴까?

이 그림을 보면서 우리의 불안이 치유되는 이유는 내 마음을 객관적으로 바라봄으로서 내 속의 불안을 밖으로 끄집어 내기 때문이다. 그리고 나의 불안을 보여줌으로서 '너는 어때?' 하고 물어보는 것이다. 나만 불안하지 않구나, 너의 마음도 이렇지 않니, 하고 질문하면서 불안을 공유하는 것이다.

불안을 숨기지 않고 드러낼 때 우리는 치유가 되는 것이다. 그리고 공포도 자주 보면 친근하다.

뭉크에게 정신적 영향을 끼친 사람은 러시아 소설가 도스토엡스키와 독일의 철학자 니체이다. 그래서 뭉크의 그림을 보면 도스토엡스키와 니체가 보인다.

뭉크가 세상을 떠나는 마지막 날까지 손에서 놓지 않았던 책 '악령'에는 3명의 인물이 나온다.

재력, 외모, 지능 등 모든 것을 갖췄지만 허무주의에 빠져 자살을 하는 스따브로긴, 부성애의 결핍으로 이기주의와 냉소를 보이다가 반란군을 이끄는 무정부주의자가 된 뾰뜨르, 한 때는 존경받는 사상가였지만 지금은 늙고 병든 이상주의자 스쩨판. 이들은 세상을 바꾸기 위해 노력했으나 실패로 돌아간다.

'신은 죽었다'라고 외치며 강한 인간이 되자고 했던 니체는 뭉크에게 어떤 영향을 끼쳤을까?

뭉크의 아버지는 맹목적인 기독교 신자였는데 뭉크는 이에 반발했다. 가족들이 모두 죽어가는 것을 보면서 신의 존재를 믿지 못했다. 병약했던 뭉크에게 강한 초인사상이 필요했는데 니체가 그 역할을 해 주었다. 도스트옙스키의 비극이 니체를 만나면서 초인으로 거듭나게 된 것이다.

뭉크는, 니체가 역설한 '인간은 자신의 삶에 나타난 모든 과정들을 그저 견디는 데 그칠 것이 아니라, 한 걸음 더 나아가 그것을 사랑해야 한다'는 것을 믿었다. 즉 뭉크는 니체의 '운명을 사랑하라' 는 말을 마음 깊이 새겼다.

정신병은 나의 그림에 도움이 되었다

벌목하는 사람 Tree feller (연도 미상)

뭉크는 철학자 니체에게 영향 받는 사상을 '벌목하는 사람'을 통해 그림으로 표현하고 있다.

마구잡이로 벌목하는 인간의 행동에 대해 생각해 보게 만드는 그림인데 색채의 톤이 건강함마저 느끼게 하는 이 그림은 어떤 메시지를 담고 있는가?

범법 행위에 가까운 벌목이지만 생존 본능에 의한 행동이라면 괜찮다는 니체의 자유 의지 메시지를 담아 생의 의미를 더욱 불태우게 한다.

인생은 같은 상황을 어떻게 마음을 먹느냐에 따라서 다르게 결과가 나타난다.

뭉크의 긍정적인 생각은 수많은 병을 앓았음에도 유화 1,100점을 그리면서 80세까지 살게 한 원동력이 되었다.

뭉크는 믿을 수 없을 정도로 많은 병을 앓았다. 불안장애, 불면증, 대인공포증, 건강염려증, 알코올중독, 류머티즘 등을 앓았지만 '질병은 나의 천사'라는 생각이 건강하게 살게 한 원동력이 되었다.

보통 사람 같으면 병을 싫어하고 병이 빨리 물러가기를 원했겠지만 뭉크는 반대로 위대한 생각을 했다.

"불안과 병은 나에게 필요한 존재다. 불안과 병이 없었다면 나는 키가 없는 선박과 같다" 라는 생각이 예술가로서 성공을 이끌었다.

뭉크는 심지어 '나는 정신병이 낫는 것을 원하지 않는다. 정신병은 나의 그림에 도움이 된다.' 라는 파격적인 생각으로 질병을 가지고 놀았다.

자신의 치부인 병을 감추지 않고 당당하게 말하는 것이 예술정신이라는 것을 알고 있는 화가 뭉크는 어떤 것도 행복과 불행을 재단할 수 없다는 것을 알았던 철학자이기도 했다.

불안은 다 나쁜 것일까?

약간의 불안은 느슨한 일상을 긴장시켜 집중력이 생기게 한다. 예를 들어 시험이나 중요한 발표를 해야 한다면 긴장한다. 약간의 불안이 최고의 결과를 끌어낼 수 있는 것이다.

심리학자의 말이 아니더라도 자주 불안을 느끼는 사람은 감수성이 예민하고 남들보다 더 고도의 감각이 있기에 불안을 더 자주 느낀다. 예민한 감각을 가진 동물들이 위험을 더 빨리 알아차리듯이 예민한 감각을 가진 이들이 예술을 하면 예민한 감각으로 보통 사람들이 보지 못하고 느끼지 못하는 것을 보여주니 훌륭한 예술작품이 나오는 것이다.

색채 치유에 대하여 이야기 해 보자면, 불안하고 우울할 때는 주황, 노랑과 같은 따뜻한 색 계열이나 그린 계열이 치유에 도움을 준다는 것이 이론가들의 주장인데 뭉크는 이 사실을 알았던 것 같다.

빨강색은 열정과 에너지를 불러일으키고 주황색과 분홍색은 온화하고 따뜻함을, 노란색은 밝은 생기를 불어 넣어 삶에 희망과 용기를 준다. 또 그린계열의 색은 불안한 마음을 진정시키며 편안하고 안정감을 준다.

태양의 빛처럼 다양한 감정이 소중하다

태양 The sun, (1910~1912년)

뭉크의 말년에는 작품의 컬러가 아주 밝아진다.

뭉크는 1908년에 알콜 중독과 싸움으로 조현병 진단을 받았다. 그래서 나타난 증상으로는 환각과 피해망상인데 사람들이 자기를 훔쳐보는 망상에 시달린 것이다. 그러다가 코펜하겐에서 친구의 소개로 야콥슨 박사를 만나 8개월간 정신병원에 입원하여 충실히 치료를 받은 후 매우 좋아졌다.

치료 방법으로는 전기충격 치료를 했다. 환자의 머리에 전기충격을 주면 환자가 발작을 일으키는데 환자가 가진 죄의식에 대해서 벌을 받는 느낌을 주어 치료가 된다는 것이다. 원죄 의식이 강한 기독교 사상을 기본으로 하는 서양인에게는 효과가 있을 것으로 생각된다.

사실 뭉크가 지은 죄는 없는데 어두운 가족사와 물려받은 천형을 자신의 죄로 생각하며 스스로 괴로워했던 것이다. 그것을 떨쳐 버리니 한결 가벼워진 마음으로 고통에서 벗어날 수 있었다.

뭉크는 퇴원하고 고국으로 돌아와 전시회를 성공적으로 마쳤고 1911년 오슬로 국립 대학교 100주년 기념 아우라(Aula) 대강당 신축 벽화의 제작을 맡아 11면을 그리게 되었다.

벽화에 그린 그림을 다시 캔버스에 유화로 그리게 된 것이 〈태양〉 그림이다.

춥고 어두운 북유럽의 환경에서 태양은 소중한 자연가치인데 비로소 희망의 상징인 태양을 그림으로서 정신적 고통에서 벗어난 것이다.

바다에서 떠오르는 눈부신 태양은 한 가지 색채만 내뿜는 게 아니다. 노랑을 기본으로 다양한 컬러의 빛을 발산하는데 이러한 태양이 바로 우리 삶이라는 것을 말해주는 듯 하다. 우리 삶도 하나의 감정이나 하나의 패턴만 있는 것이 아니다. 다양한 감정 – 슬픔, 기쁨, 분노, 사랑이 모여 인생을 이룬다.

뭉크의 〈절규〉는 태양을 향해, 〈태양〉을 보기 위한 절규였는데 해맞이하는 것처럼 미래에 대한 희망을 그리게 된다.

〈절규〉와 〈태양〉은 시각적 이미지가 다른 것처럼 보이지만 공통점이 있다.

두 그림 모두 에너지가 내부로 응축하는 것이 아니라 외부로 분출하고 있다.

'절규'가 청각적으로 감정을 분출하는 느낌이라면 '태양'은 시각적으로 에너지를 분출하는 그림이다.

우리는 죽지 않는다, 세상이 우리를 떠날 뿐

별이 빛나는 밤 Starring night (1923~1924년)

하늘은 초록과 푸른빛이 섞인 오묘한 색이다. 하늘이 물결처럼 일렁여 하늘에 바다가 들어찬 것 같다.

큰 별들이 구름빛에 옅게 빛나고 둥근 언덕들 너머에 나무들이 서 있고 창문에서는 별빛보다 더 밝은 빛이 나온다.

특히 낮은 언덕들이 한국적 풍경 같아 친근해 보인다.

하늘과 땅이 맑고 투명해서 유리잔을 들여다보는 것 같다.

〈별이 빛나는 밤〉은 뭉크가 말년의 고독한 심정을 극작가 헨릭 입센(Henrik Ibsen, 1828~1906)의 '요한 가브리엘 보크만'(Johan Gabriel Borkman)에서 암시받아 그린 그림이다.

주인공 보크만은 광부였는데 탄광을 탈출하여 은행 일을 하다가 실패하여 감옥에 갔다 와서 자신의 방에 스스로를 가둔 인물이다. 스스로 유폐시킨 것은 뭉크의 모습과 비슷하다. 뭉크도 그림을 팔아 부를 얻었지만 홀로 고독을 택하고 고독을 즐기고 예술의 세계로 더욱 깊이 빠져들었다.

어느 백과사전에는 주인공 보크만은 겨울밤에 죽기 위해 뛰쳐나간 것과 이 그림을 연관 지을 수 있다고 하는데 한국인인 필자가 볼 때 컬러와 구조가 절망적으로 보이지 않는다. 오히려 안정적이고 평화로운 어느 겨울밤의 한 때로 보여 차분한 생의 순간을 여유 있게 바라보는 느낌이다.

뭉크의 작품에서 많이 보이는 색채들 중 검은색은 죽음과 관련하여 고통과 슬픔을 상징하며, 붉은색은 피와 생명, 즉 죽음에 대한 관심으로 해석할 수 있다.

뭉크의 작품에 갈색도 많이 등장하는데, 이는 흙과 대지의 색으로 생명뿐 아니라 죽음과 매장의 상징으로 해석되며, 이 또한 죽음과 관련된다.

압박하는 죽음의 그림자 안에서 그는 열정을 다해 작품에 매달렸고, 어두움의 고통과 불안, 두려움을 표현하여 그 의미를 찾으려 하였다.

그리고 자아를 찾고자 객관적으로 자신의 내면을 들여다보면서 의식적으로 노력하였다. 그는 그렇게 자신의 심리상태를 표현함으로써 에너지를 얻었고, 또한 치유의 기회를 얻고자 하였던 것이다.

뭉크의 자화상이 노르웨이의 화폐 1,000크로네에 새겨질 정도로 국민적 존경을 받았다. 뭉크는 1944년에 육체는 죽었지만 다음과 같은 말을 남김으로서 영원히 죽지 않고 우리 가슴에 남는 사람이 되었다.

"우리는 죽지 않는다, 세상이 우리를 떠날 뿐. 내 썩은 육신에서 꽃들이 자랄 것이고, 난 만발한 꽃들 속에서 살아가게 되리라. 죽음은 삶의 시작이요, 새로운 결정체의 기원이다."

구스타프 클림트 Gustav Klimt (1862~1918)

황금빛과 여자는 삶의 근원

나르시시즘의 본능과 금기를 깨는 본능

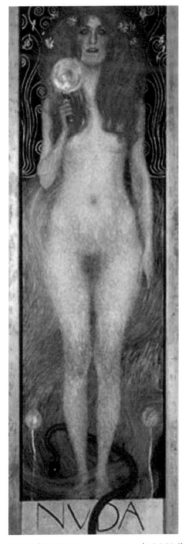

벌거벗은 진실 Nuda veritas (1899년)

뱀이 여자의 다리를 감으며 올라오고 있다.

서양에서의 뱀은 결코 좋은 이미지의 동물은 아니다. 성경에 나오는 뱀과 그리스 신화에 나오는 메두사가 대표적이다. 성경에서는 뱀이 이브를 꼬여 선악과를 따먹게 했고 그리스 신화에서는 메두사의 머리가 뱀인 것이다. 메두사는 아테나의 저주로 머리카락이 뱀으로 변했고 목이 베이는 비극의 주인공이다. 그림 속의 여자는 이브나 메두사라는 것을 암시한다.

〈벌거벗은 진실〉은 크림트가 바라보는 여성관이 들어있고 여성을 탐구한 결과물인데 그 시대의 보편적인 여성관도 동시에 잘 나타나고 있다.

여자들이란 자기도취에 빠지고 뱀의 물질적 유혹에 넘어가는 존재라는 것을 표현하였다. 어떻게 생각하면 부정적인 견해 같지만 다르게 해석해 보면 여자도 욕망이 있다는 것을 감추지 말라는 것으로 해석되어 긍정적으로 볼 수도 있다.

이브가 선악과를 따먹은 것이 꼭 나쁘다고 할 수 있을까?

누구나 욕망은 있고 금기를 깰 수 있다는 점에서 오히려 더 인간적이다. 이브가 선악과를 따먹은 것을 비난한다면 여자에게 모든 책임을 뒤집어씌우는 근거를 마련해 주는 것이다.

진화심리학 관점에서 보는 것처럼 여자든 남자든 원시적 본능이 있다는 것을 당연히 받아들여야 한다.

여자가 더 예뻐지려고 하고 물질을 추구하는 것은 자연스러운 본능이다. 자원이 많은 남자에게 선택을 받고 유전자를 지키려는 본능이라는 해석인데 불편한 진실이지만 전혀 틀린 말은 아니다.

모델이 들고 있는 거울은 나르시시즘을 표현한 것이다.

나르시시즘이란 자신을 하나의 성(性)대상으로 다루고 자신의 신체를 성적 쾌감을 가지고 바라보고, 어루만지는 등 성적 만족을 갖는 것을 말한다. 자기도취나 자기애적 성향, 즉 자신을 사랑하는 것이다.

프로이트는 어린아이의 '자기성애단계'를 최초의 나르시시즘으로 기술했다. 이는 인간의 자기 보존을 목적으로 삼으며 이기주의에 대한 리비도적 보충이다. 이기주의가 자아충동이라면 나르시시즘은 쾌락, 즉 성충동에 해당한다. 쾌락이 적절히 조절되지 못하고 지나치게 억압되면 편집증이나 과대망상증으로 이어질 수 있다.

적당한 나르시시즘은 좋은 결과를 가져올 수 있다. 자기를 사랑하는 것이 자기를 파괴하는 것보다 낫다는 의견에 반대할 사람이 있을까? 그러나 과도한 나르시시즘이 문제인데 이것은 타인과의 소통이 어렵고 오로지 자기 자신만 생각하니 극단적 이기주의와 독선적 인물이 되어 주변 사람들을 해치고 파멸의 길로 갈 수 있다.

클림트는 성적으로 문란한 생활을 하는 동시에 모델들과의 성적 관계에서 두려움을 느꼈다. 그가 평생 결혼을 하지 않은 것도 매독에 걸린 이유에서가 아닐까 추측되어지기도 한다. 그의 여성에 대한 피해 의식은 19세기 유행한 성병과도 연결되어있다고 할 수 있다. 성산업이 발달한 비엔나에서 성병은 부르주아들이 가장 두려워한 질병 중 하나였고, 세기말에 남성들의 이러한 나르시스적 피해의식은 팜므파탈을 통해서도 표현되고 있다.

〈벌거벗은 진실〉역시 남성을 파멸로 이끈다는 의미에서 뱀과 동일시 했다.

여성에 의해 파멸 당할지도 모른다는 나르시스적 피해의식 하에 관능적이고 사악한 팜므파탈 이미지를 창조하게 된 것이다. 이러한 팜므파탈의 여성 이미지의 창출은 작품 〈유디트〉에서 잘 표현되고 있다.

에로틱한 것이 용감한 것이다

유디트 I Judith I (1901년)   유디트 II Judith II (1909년)

유디트는 구약성서의 외전(外典) '유디트서'에 나오는 여자다.
유디트는 용감한 여자이다. 앗시리아의 장수 홀로페르네스가 이

스라엘을 정복하기 위해 공격하자 유디트는 거짓으로 적에게 투항한다. 그리고 홀로페르네스에게 접근하여 이스라엘의 정보를 주겠다고 유혹하고 같이 술을 마시며 밤을 지샌다. 홀로페르네스가 술에 취하자 그의 목을 칼로 베어온 것이다.

조선의 논개가 일본 장수를 안고 절벽에서 뛰어내려 같이 죽은 반면, 이스라엘의 유디트는 자신은 희생시키지 않고 적장만 죽였다.

한국의 전통적인 관념은 여성이 자신을 희생시켜야 미덕이었지만 현대적인 여성의 페미니즘은 자신의 희생이 결코 미덕은 아니다.

클림트는 유디트의 그런 이야기를 재해석하여 남자 같은 강인한 팜므파탈의 모습이 아니라 성적 쾌감을 느끼는 표정으로 묘사하였다.

이전의 화가들은 유디트가 홀로페르네스의 목을 베는 장면을 중요시하여 그 순간을 주로 그려 잔다르크처럼 강인한 여성상을 만들었다.

하지만 클림트는 목을 벤 후의 유디트의 심리와 표정에 더 중점을 두었다. 잘린 목도 반만 그린 것을 보면 더욱 그것을 알 수 있다. 황금 장식 속에서 살인의 쾌감으로 옷을 풀어헤치고 오르가즘의 절정에 이르는 장면으로 묘사한 것이다.

〈유디트 I〉의 얼굴은 각진 턱 선으로 인하여 남성성(아니무스)이 엿보인다. 아마도 장수의 목을 벨 정도의 용기가 있으려면 이러한 남성성이 있을 것이라는 클림트의 생각이 반영되었을 것이다.

유디트의 머리카락과 배경이 합쳐져 어디까지가 머리인지 모르는 신비한 느낌도 든다.

〈유디트 Ⅱ〉는 황금빛이 많이 빠져있는 색채이다. 조금 더 어두운 색채를 사용하여 심각하고 진지한 느낌으로 다가온다. 유디트의 에로틱함 보다는 무표정의 독한 느낌인데 살인에 더 촛점을 맞추고 있다. 홀로페르네스의 머리털을 낚아챈 손가락이 강조된 히스테릭한 기운을 느낄 수 있다.

클림트가 〈유디트〉를 통해 힘과 공포의 요부상을 표현한 이유는 자아의 성장 과정에서 고착된 어머니와의 관계와 독립의 어려움을 반증하는 것으로 세기말 여성의 새로운 등장으로 인해 시국이 뒤바뀌어 여성이 모든 것을 주도하게 될 것이라는 사실을 직감한 것이라 할 수 있다. 그러한 그의 두려움은 여성이 남성을 주도하고 죽음에까지 이르게 하는 요부의 모습으로 나타낸 것이다.

〈유디트〉는 아델레 블로흐-바우어(Adele Bloch-Bauer) 부인을 모델로 그렸는데 실물과 똑같이 그리지는 않았다.

영화 '우먼 인 골드(Woman in Gold)'의 주인공으로 나오기도 하는 '아델레 블로흐-바우어'는 클림트를 이야기 할 때 빼놓을 수 없는 아주 중요한 인물이다.

아델레는 상류층의 여자로 지식과 교양이 있었다. 아델레와 그녀의 남편은 처음에는 그림을 수집하는 컬렉터로서 클림트를 만났다. 그러다가 아델레의 초상화 주문을 할 때 아델레가 모델이 되면서 클림트와 가까워졌다.

아델레 블로흐-바우어 I (1907년)

그림 〈아델레 블로흐-바우어 I〉는 전체가 황금빛 배경으로 가
득차 있고 아델레의 얼굴과 손은 아주 작은 부분을 차지한다. 여

자는 금빛 황홀경에 파묻혀 행복한 얼굴을 보여주고 있다. 천박하지 않고 고즈넉하여 품위가 보인다.

배경은 전체적으로 화려한 황금빛인데 점묘법처럼 채색하여 진짜 황금처럼 눈이 부시다. 무늬도 다양하여 작업에 시간과 노력을 많이 들였음을 짐작할 수 있다. 클림트가 황금빛 장식을 그림에 많이 쓴 이유는 아버지가 귀금속 세공사였기에 자연스럽게 영향을 받았다.

황금색은 빛을 상징하며 아름답고 귀중한 가치가 있는 것으로서 긍정의 색채이다. 또한 고대 이집트의 태양신 라(Ra)를 상징하는 색이며, 고대 그리스인들은 신들이 금발이라고 상상했다고 하는데 그만큼 황금의 노랑은 힘의 색이자 생명의 색으로 오랜 세월 행복의 표상이었다.

클림트의 작품에서의 황금색은 장식적인 효과와 함께 작품 전체의 화려한 발광을 보조하는 수단이 된다고 할 수 있다.

클림트는 또한 의상과 배경의 경계를 불분명하게 하여 에로틱한 효과와 장식적인 요소에 많은 공을 들였다.

단순히 돈을 받고 의뢰 받은 그림이라면 이렇게까지 섬세하게 그렸을까? 클림트는 진정 마음을 다해 그림을 그렸던 것이다.

이 작품 〈아델레 블로흐-바우어 I〉은 클림트가 1903년 라벤나 여행 중 모자이크 기법에서 강한 인상을 받아 제작한 것이다. 모델의 앞을 향해 드레스를 넓게 늘어뜨리고 손을 모은 자세는 비잔틴 지역에서 보았던 성모상에서 영향을 받은 것으로 보인다.

클림트는 아델레를 사랑했고 그 감정을 고스란히 화폭에 담았다.

그래서 화가는 모델을 사랑해야 하나보다, 아니 그림을 그리다 보면 사랑하게 되는 것일까? 영혼을 담은 작품을 그리기 위해 사랑할 수 밖에 없는 것일까?

클림트는 그림의 영감을 대부분 여자에게서 받았다. 그는 이 세상에 여자라는 존재가 없었다면 생의 의미를 느끼지 못했을 사람이었다. 여자라는 존재의 아름다움에 열광하고 평생을 그 매력에 빠져 예술적 탐구를 하고 에로티시즘을 표현한 클림트이기에 여자는 아주 소중하고 매력적인 존재인 것이다.

피카소도 여자가 많았지만 클림트를 따라오지는 못할 것이다. 클림트가 죽었다는 소식이 들렸을 때 애인이라며 찾아온 여자가 무려 14명이었다.

클림트는 평생 동안 결혼은 하지 않고 많은 여자를 자유롭게 만났는데 여자를 대하는 태도는 조금 독특했다.

크림트는 여자를 둘로 구분하여 만났다. 육체적인 관계만 하는 여자, 정신적인 사랑을 나누는 여자로 구분을 한 것이다.

주로 '미치 침머만'이라는 하류계층의 여자와는 육체적 관계를 했고 '에밀리 플뢰게'(Emily Floge)로 대표되는 상류층의 여자와는 정신적 사랑을 나누었다.

그런데 아델레 블로흐-바우어는 이 기준에서 벗어났다. 아델레는 상류층 여자인데도 에로틱한 모델이 되었고 클림트와 육체적인 관계도 했던 것으로 추정된다.

  아델레는 클림트가 죽고 난 다음 해(1919년) 자신의 집에 '클림트 홀'이라는 클림트 기념관을 만들었다. 그리고 6년 뒤인 1925년, 뇌수막염으로 44세라는 젊은 나이에 아쉽게 죽자 아델레의 유족들은 그 방을 아델레를 기리는 '아델레 홀'로 바꾸었다.

  이 〈아델레 블로흐-바우어 I〉 그림이 또 다른 화제가 될 수 있는 것은 피카소의 〈파이프를 든 소년〉보다 더 비싸게 경매에 팔렸다는 사실이다. 2006년 화장품 재벌인 에스티 로더가의 둘째 아들 로널드 로더가 30초만에 결정한 이 그림의 가격은 무려 1억 3500만달러(약 1,297억원)였다.

목마른 키스는 아름답다

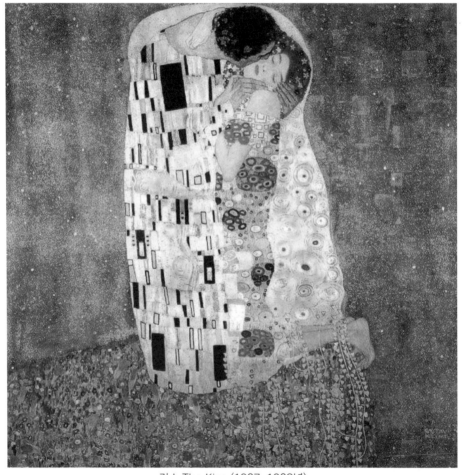

키스 The Kiss (1907~1908년)

〈키스〉는 격정적인 모습이다. 남자가 위에서 여자의 얼굴을 두 손으로 부여잡고 강렬하게 뺨을 향해 돌진한다. 여자의 얼굴이 90도로 완전히 꺾여 비현실적인 각도가 되었다. 여자는 두 눈을 꼭 감고 초월한 듯 보이지만 몸은 바짝 긴장하고 있다. 남자의 목을 감싸는 여자의 굽은 손가락을 보면 알 수 있다.

남자는 마치 이 순간을 위해 지금까지 살았다는 듯 몰입을 하고 있다.

옷은 둘 다 황금색이라 마치 한 몸처럼 느껴진다. 단지 무늬로 구분을 할 수 있을 뿐인데 자세히 보아야 구분이 가능하다.

남자옷의 무늬는 사각형이고 여자 옷의 무늬는 원이다. 옷의 무늬가 남녀의 성기(性器)을 나타내는 것이라고 쉽게 해석이 가능하다. 남자 옷의 무늬는 길고 딱딱한 모양이고 검은색이다. 여자 옷의 무늬는 둥글고 부드럽고 붉은 계통이다.

〈키스〉 그림은 보는 관점에 따라 다양한 의견이 있는 그림이다. 여성주의 입장에서 본다면 남성 우월주의적 사상을 비판할 것이다.

여자는 절벽처럼 생긴 곳에서 발끝을 내밀고 아슬아슬하게 무릎 꿇고 있다. 남자가 위에서 찍어 내리듯이 강압적인 자세는 폭력에 가까워보인다는 의견을 낼 것이다.

남자가 여자의 입술에 키스하지 않고 목 근처 뺨에 입을 가져다대는 모습과 남자의 이미지를 통해 흡혈귀, 라고 하는 견해도 있다. 그러나 흡혈귀는 너무 비약이 심한 것 같다. 반면에 황홀

한 황금빛에 도취되어 몽롱하거나 감격에 겨워 우는 사람도 있다고 한다.

어찌된 일인지 제목은 키스지만 여자는 입술을 꼭 다물고 있다. 뭔가 스토리가 숨어있을 것만 같아 탐구심이 발동한다.

여자나 남자나 황금빛에 열광하는 이유를 알아보려면 역사, 심리학적인 접근이 필요하다. 금은 역사적으로 인간이 추구하던 것 중 하나였다. 금은 희소가치가 있는 광물로 인간의 물질적 욕망을 가장 극명하게 상징하는 물건이다.

역사적으로도 금은 중요한 자리를 차지한다. 이집트에서 금은 태양을 상징했고 연금술은 과학적 발전을 이루는 원천이었다. 미국 서부개척 시대의 골드러시는 미국의 발전에 영향을 끼쳤다.

금에 대한 욕망을 황금만능 사상으로 부정적으로만 볼 필요는 없다. 현실에서 정신적으로 채우지 못한 욕망을 금빛만으로 채워질 수 있다면 이것보다 더 큰 위로의 역할은 없을 것이다.

화려한 장식 그림은 여성의 환타지를 충족시키는 그림이다.

그런 의미에서 〈키스〉 그림을 오랫동안 쳐다보면 쌓였던 불만이나 스트레스가 조금은 풀어질 것이다.

〈키스〉 그림에 나오는 여자는 아델레, 라는 설도 있고 에밀리, 라는 설도 있다.

클림트가 〈키스〉 그림에 에밀리, 라는 이름을 쓴 것을 보면 에밀리가 맞는 것 같다.

클림트에게 있어서 에밀리는 특별한 여자이다. 에밀리는 클림트와 사돈관계인데 클림트는 누구에게나 하듯 에밀리에게도 누드모델을 제안했다. 그러나 죽을 때까지 한 장도 에밀리의 벗은 몸을 그리지 못했다. 그렇게 손쉽게 여자 옷을 벗기던 클림트가 에밀리 앞에서는 속수무책이 되었던 것은 수수께끼다.

클림트가 에밀리를 처음 만난 것은 클림트의 나이 29살 때였고 에밀리가 17살이었다. 클림트는, 동생 에른스트가 결혼한지 1년도 안되어 죽자 조카를 부양하면서 자연스럽게 에른스트의 처제인 에밀리와 가까워졌다.

글자 읽는 것과 쓰는 것을 싫어하던 클림트가 무려 400통의 편지를 에밀리에게 보낸 사실을 어떻게 설명할 수 있을까?

연애편지가 아닌 일상생활 이야기지만 이런 행동은 아무 감정 없이는 하기 힘들다.

후세 사람들은 이것을 '플라토닉 러브'라고 이야기 하지만 사생활을 철저하게 숨겼던 클림트이기에 진실은 누구도 모른다. 자세한 내막은 그들만이 알 것이고, 아티제(Attersee) 호수에서 같이 휴가를 보낸 사실과, 클림트가 마지막으로 쓰러지면서 부른 이름이 바로 에밀리, 라는 사실을 보면 분명 서로 사랑했던 것이 맞다.

이들이 잠시 헤어진 시기도 있었는데 클림트가 에로틱한 그림을 그리기 위해 다른 여자들을 만나자 에밀리는 클림트를 떠났다. 그 후 2년 동안 그린 그림이 바로 〈키스〉이다.

클림트는 절벽에서 위험하게 키스하는 장면이 자신에게 놓인 현실이라고 생각한 것 같다. 클림트는 어떤 이유에서인지 에밀리와 육체관계를 하지 않았다고 하는데 현실에서 불가능한 것을 그림으로 충족시키지 않았나, 생각이 든다. 즉, 자신의 무의식과 내면의 욕망을 그림으로 대리만족한 것이다.

에밀리에게 사랑의 고백으로 느껴졌던 이 그림을 보고 다시 만난 에밀리는 클림트가 죽을 때까지 27년간 클림트의 영혼의 동반자가 되었다.

클림트가 뇌출혈로 사망 후에 에밀리는 법적 대리인이 되어 재산을, 클림트의 친자들을 낳은 여자에게 나누어 주었다. 그리고 클림트만 생각하며 살았고 다른 남자는 더 이상 만나지 않았다.

에밀리는 처음엔 보잘 것 없는 양재사부터 시작하여 패션디자이너로 크게 성공한 당찬 커리어 우먼이다. 사회적으로 성공했지만 클림트의 전 생애에 걸쳐 진실된 사랑을 한 것으로 보인다.

에밀리는 죽은 후 클림트 옆에 묻혔다.

예술가의 철학과 자존심

대학 학부 회화중 〈법학〉 (1903년)

클림트는 자신의 예술과 세상의 대립 때문에 고뇌를 했다.

빈 대학의 천장에 그린 〈철학〉, 〈의학〉, 〈법학〉 시리즈가 기존의 관념 때문에 거부를 당한 것이 가장 큰 이유이다.

그도 그럴 것이 보수적이고 근엄한 대학에 에로티시즘을 반영하고 비판적인 메시지를 담은 그림을 전시한다면 권위적인 부류들은 받아들이기 어려울 것이다.

〈법학〉이라는 그림을 보자.

무슨 죄를 지었는지 모르겠지만 마르고 벌거벗은 노인을 문어가 결박하고 있다. 3명의 누드 여인들은 제각기 다른 표정으로 집행관처럼 서 있다. 저 멀리 높은 곳에서 재판관처럼 보이는 3명의 여인들은 거만하게 이들을 쳐다보고 있다.

그림 〈법학〉은 올바른 법의 정신을 일깨우고자 하고 기능을 다하지 못하는 법학을 비판하는 그림이다.

법을 잘못 집행하면 폭력이 될 수 있으니 권력을 가진 이는 항상 조심스럽게 법을 집행해야 한다는 메시지를 담고 있다.

기존의 권위와 고리타분함이 답답해 뛰쳐나온 빈분리파의 거장답다.

예술가는 감추고 싶은 것을 들추어내어 쾌감을 주는 사람들이고 대학이나 권력자들은 멋진 포장이 필요했던 것이다.

자기만의 화풍이 있던 클림트에게 대학의 이미지를 좋게 만들어야 하는 그림은 처음부터 맞지 않는 일이었는데 의뢰한 측이 판단을 잘못한 것이다.

〈철학〉은 인간의 탄생과 섹스, 죽음의 혼돈 속에 철학의 가치가 있다는 메시지를 담았고 〈의학〉은 인간의 죽음과 병에 대해 의술의 역할에 대해 본질적인 질문을 진지하게 하고 있다.

보여주기 위한 그럴 듯 하고 교과서적인 그림이 아니라 본질을 파헤치는 그림이 받아들여지지 않자 클림트는 계약을 파기하고 계약금을 돌려주었다.

대학교 대신 새로 건축한 현대미술관에 전시하자고 제안 받았지만 클림트는 거절했다. 클림트는 예술가의 자존심이 있고 자기만의 주관이 확실하게 서 있는 화가임을 알 수 있다.

그리고 작품성도 인정받았는데 〈철학〉은 파리 만국박람회에서 최고작품상을 받았던 것이다.

자연에 옷을 입혔고 옷에 자연을 담았다

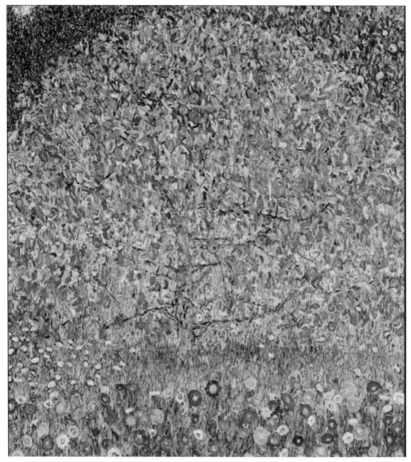

사과나무 The Apple tree (1912년)

클림트는 말년에 주로 풍경을 그렸다. 그가 그린 그림의 4분의
1은 풍경이었음에도 그의 대표작들의 황금빛이 너무 강렬해 상
대적으로 클림트의 풍경화는 많이 알려지지 않았다.

여자와 풍경이 그에게는 가장 큰 탐구대상이었다.

장식을 많이 활용한 그가 그린 자연에도 장식성은 여전히 남아 있다.

〈사과나무〉에서 나무에 열린 사과가 마치 옷의 장식처럼 달려 있는데 아래 그림과 비교해 보면 유사성을 알 수 있다.

에밀레 플레게 (1902년)

클림트는 자연에 옷을 입혔고 옷에 자연을 담았다.

우리가 무심코 지나친 나무가 이렇게 찬란한 나무였나? 다시 한 번 쳐다보게 만든다.

장식은 울적한 마음을 기쁘게 만든다. 장식은 외로운 사람들에게 치유를 가져다준다.

심플함도 깨끗한 멋이 있지만 장식도 나를 돋보이게 하는 자아를 드러내 자존감을 찾을 수 있다.

1912년 50세부터 1918년 56세의 죽음에 이르기까지의 작품에는 황금빛과 금박은 많이 사라지고, 미묘한 혼합의 색채를 사용했다.

클림트는 미적 영역의 미(美)와 추(醜) 중에서 미를 택했다. 사람들이 보기 좋아하고 보면 행복한 그림을 그린것이다. 다르게 말하면 사람들의 잠재된 욕망을 보여주어 욕구를 충족시켜주었다.

눈이 행복하고 마음이 행복해지려면 크림트의 그림을 간직하고 오랫동안 감상해보는 것은 어떨까?

아메데오 모딜리아니 Amedeo Modigliani (1884-1920)

누드로 무의식을 승화시키다

눈동자에 영혼을 담다

큰 모자를 쓴 잔느 에뷔테른 Portrait of Jeanne Hebuterne
in a large hat (1918년 ~ 1919년)

여자의 얼굴이 장방형으로 길고 목 또한 두드러지게 길다.

한국인은 대부분 〈큰 모자를 쓴 잔느 에뷔테른〉 그림을 보면 슬프다고 생각한다. 그 이유는 노천명의 시 '모가지가 길어서 슬픈 짐승'이라는 시 때문이다.

모딜리아니가 사람의 얼굴을 길게 그린 이유는 아프리카 조각의 형향을 받았기 때문이다. 그는 당시 유행하던 그 어느 유파에도 속하지 않고 자신만의 독특한 화풍을 외롭게 이어나갔다. 어느 유파든 편승하면 이름을 알리는데 유리했음에도 불구하고 자기의 화풍을 지켜나갔다.

〈큰 모자를 쓴 잔느 에뷔테른〉 그림에서 여자는 고개를 약간 기울이고 얼굴에 긴 손가락을 대고 있다. 모딜리아니는 고개를 살짝 기울이는 포즈가 아름답다는 것을 이미 알고 있었던 것일까? 그가 그린 대부분의 그림은 이처럼 고개를 살짝 기울이고 있다.

이 그림은 미술 교과서에도 실려 많이 보았던 익숙한 그림이다. 그런데 자세히 보면 눈에 눈동자가 없다.

파란색으로만 채색된 눈은 이 세상이 아닌 이 세상 밖을 꿈꾸는 듯 하다.

이 그림은 모딜리아니가 19살의 잔느 에뷔테른과 만난지 얼마 안되어 그린 그림이다.

모델인 잔느가 이 그림을 보고 물었다.

"왜 눈동자를 그리지 않았죠?"

"그대의 영혼을 표현할 수 있을 때 눈동자를 그리리다."

잔느와 진정한 정신적 합일을 원하는 모딜리아니가 시인처럼 멋지게 표현했다.

　이 말을 들었을 때 잔느는 어떤 기분이었을까? 아마도 이 한 마디에 마음이 떨렸을 것이다.

　모딜리아니는 그 시대 대부분의 화가들처럼 매춘부를 모델로 하여 그림을 그렸다. 모딜리아니는 하룻밤 육체관계를 맺은 매춘부의 눈동자는 그리지 않았다.

　그렇다면 모딜리아니는 잔느를 매춘부와 같은 느낌으로 보았을까? 그건 알 수 없다. 하지만 확실한 것은 모딜리아니는 눈동자를 아주 중요하게 생각했고 정신적 상호작용의 매개체로 보았다. 진정성을 담은 그림은 눈동자의 유무로 판단했던 것이다. 그리고 감정에 충실하여 잔느에게도 솔직하게 다가갔고 정신적 교감을 원했던 것이다.

　미술 심리 치료 관점에서 보면 눈동자를 그리지 않은 것은 외부 세계에 대한 거부의 표현이다. 마음의 눈을 닫고 세계를 보지 않으려는 심리이다. 참혹한 현실에서 도피하여 이상이나 망상의 세계에 머물려고 하는 심리가 있다.

　실제로 모딜리아니는 가난하여 지치고 힘들었고 알코올과 마약 중독이 되어 폐인처럼 살고 있었다. 누구하고도 소통하고 싶지 않았고 마음의 문을 닫고 있었을 것이다.

　그런데 잔느를 모델로 그림을 그렸고 그 후 둘의 사랑은 깊고 뜨거워지면서 눈동자가 점차 생기기 시작했다.

어깨를 드러낸 잔느 (1919년)

명화와 대화하는 색채 심리학

모딜리아니와 잔느는 진정으로 영혼의 일체감을 느끼며 사랑했다. 모딜리아니는 잔느를 만나기 전에는 사랑하지 않는 여자와 많은 육체관계를 했으나 잔느와는 정신적 사랑으로 완벽한 사랑을 완성했다.

〈어깨를 드러낸 잔느〉에서 잔느의 눈동자가 살아있다. 무엇을 꿈꾸는지 깊은 눈동자는 잔느의 얼굴을 더욱 아름답게 만든다.

동양에서 눈동자에 대한 유명한 이야기가 '화룡점정(畵龍點睛)'이다.

중국 남북조 시대에 남조의 양나라 장승요가 안락사(安樂寺)에 용을 그렸는데 눈동자는 그리지 않았다.

그러자 사람들이 물었다.

"용이 살아서 움직이는 것 같은데 왜 눈동자를 그리지 않았습니까?"

"눈동자를 그리면 용이 하늘로 날아가 버립니다."

사람들은 믿지 않았다. 그래서 장승요는 눈동자를 그려 넣자 진짜로 용이 하늘로 날아올라갔다.

눈동자를 가장 나중에 그릴 정도로 중요한 역할을 한다는 점에서 동서양의 관점은 일맥상통한다.

모딜리아니는 눈을 통해 진실을 추구했다. 그가 지금 살아있다면 이렇게 말했을 것 같다.

"상대의 마음을 알 수 없을 때는 눈을 바라보라. 말로는 거짓말을 해도 눈동자는 거짓말을 못한다."

인간의 본능을 알고 싶다

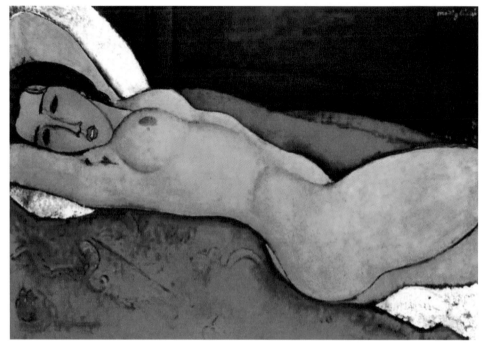

누드

　모딜리아니가 일생을 통해 가지고 있었던 무의식은 여자와 누드, 술, 마약이었을까?

　아마도 그럴 것이다. 모딜리아니는 이것을 문학적 표현으로 이렇게 썼다.

　'내가 추구하는 것은 실재하는 것도 아니고, 실재하지 않는 것도 아니다. 나는 다만 무의식을 이해하고 싶다. 인간이 지닌 본능

의 미스터리 말이다.'

무의식, 하면 제일 먼저 떠오르는 사람은 모딜리아니와 같은 시대의 사람인 프로이트이다.

'빙산의 일각'이라고 하는 말이 있는데 물 위에 보이는 빙산은 도덕이나 윤리라는 이름으로 억제하고 통제되는 의식에 해당하고 물 밑에 가라앉아 보이지 않는 부분이 무의식이다.

대중매체에서 '수위조절'이라는 말이 있는데 사회적으로 용인될 수 없는 부분을 줄타기 하듯 살짝 살짝 보여주기에 우리는 금지된 본능을 맛보며 즐기는 것이다. 바로 무의식의 욕망을 살짝 넘어갔다가 다시 이성의 세계로 돌아오기에 스릴감을 느끼는 것이다.

이 무의식을 잘 관리하고 다스려야 건강한 상태를 유지할 수 있다.

모딜리아니가 가지고 있었던 무의식은 쾌락이었다. 사실 쾌락은 대부분의 사람들이 가지고 있는 무의식이다. 그렇다고 쾌락을 무한정 발산한다면 빠른 시간에 정신과 육체가 소멸하고 말 것이다. 이것을 어떤 방식으로 어떻게 조절하고 표출하며 살아가느냐, 가 문제이다.

금욕과 쾌락 사이를 생각해 보자.

금욕도 어떤 면에서는 쾌락이라고 한다면 이것도 맞는 말이다. 쾌락을 위해 금욕을 하는 것이다.

전통적인 한국 사회는 금욕을 쾌락으로 보았다. 단군 신화가 이것을 집단 무의식으로 보여주고 있다. 100일 동안 동굴에서 마늘과 쑥을 먹고 견딘 곰은 여자가 되어 환웅과 결혼해 단군을 낳았다. 하지만 금욕을 견디지 못하고 도망친 호랑이에 대한 언급은 없다. 곰처럼 잘 참는 사람이 환영받는 사회를 조성하기 위해 현재 단군신화 형태로 이야기가 고착된 것이다.

누워있는 나부 (1917년)

요즘 한국 기준으로 위 〈누워있는 나부〉 그림을 보면 그리 외설적이지 않고 적당한 선에 머물러 있다. 아니 오히려 세계에서 가장 아름다운 누드화로 칭송받아 마땅하다. 세계에서 2번째로 높은 가격에 판매되었기 때문만은 아니다.

붉은 느낌의 몸 빛깔과 바닥의 더 붉은 빛깔이 강렬한 느낌이고 두 팔을 벌리고 해방감을 느끼며 널부러지듯 누워있는 자태가 고혹적이다.

하지만 당시 개인전에 걸렸던 이 그림 때문에 모딜리아니는 경찰에 연행되어 조사받았고 이 작품을 보려고 사람들이 몰려들자 경찰은 전시회를 강제로 중단시켰다.

환각 상태로 가기 위해 자주 알콜과 마약을 사용했던 모딜리아니는 견딜 수 없는 현실을 그림으로 표현하여 현실적 쾌락의 한계를 예술로 승화(sublimation) 시켰다.

그것은 일종의 방어기제라 할 수 있다.

승화는 본능적인 욕구를 사회적으로 더 가치 있는 일을 통해 발산하는 것인데 만약 모딜리아니가 그림을 그리지 않았다면 그저 그런 술주정뱅이에 마약 중독자, 호색한의 한 사람으로, 미술사에 기록되지도 않았을 것이다.

정신분석학에서 방어기제는 병으로 보지 않고 자기를 방어하는 하나의 방법이기에 적절히 사용하면 좋은 효과를 볼 수 있다.

대표적인 방어기제는 억압, 투사, 퇴행, 부정, 합리화가 있다.

억압(repression)의 예를 들면 히스테리성기억상실증이 있다. 이는 충격적인 일을 겪거나 보았을 때 자기를 보호하기 위해 일시적으로 기억을 지워버리는 현상이다.

부정(denial)은 고통스러운 일이 있을 때 의식적으로 이를 거부하는 것인데 예를 들면 가족 중 누군가 죽었을 때 이를 받아들이지 않고 아직도 살아있다고 생각하는 것이다.

반동형성(reaction formation)은 남에게 노출되는 것이 두려워 무의식적인 충동에 반대되는 행동이나 생각을 하는 것이다. 예를 들어 원하지 않는 아이를 낳았을 때, 아이에게 미안하고 죄책감이 들어 아이를 과잉으로 보살펴, 아이와 자신에게 좋은 어머니라는 인상을 남기려 한다는 것이다.

투사(projection)는 어떤 일의 원인을 남의 탓으로 돌려 스트레스를 없애려는 것이다. 예를 들어 내가 너를 미워하는 것은 네가 나를 미워하기 때문이라는 것이다.

합리화(rationalization)는 자신의 잘못된 행동을 변명하는 것인데 억지로 끼워 맞추는 식으로 설명하지만 공감은 가지 않는 억지논리이다. 예를 들면 이솝 우화에서 여우가 너무 높아서 먹지 못하는 포도를 '신포도'이므로 안 먹겠다고 한다. [7]

다른 화가들도 여자의 누드를 많이 그렸는데 모딜리아니의 누드는 무엇이 다를까?

모딜리아니의 대부분 그림에 나오는 모델의 구도가 가로로 길게 누워 있다. 모델의 얼굴도 길지만 허리도 길고 하체가 풍만하여 허리에서 하체로 이어지는 곡선의 굴곡이 커서 여성미가 풍긴다. 에로틱한 분위기가 물씬 풍기는데 그림의 감상자 쪽을 바라보는 눈동자가 강렬하다.

---

7) 네이버 지식백과, 심리학 용어사전, 방어기제

그러나 모딜리아니는 여자를 넘어서 사람에게 관심 있었고 단순한 누드를 넘어 여자가 가진 신비한 육체의 아름다움에 관심 있었던 것이다. 그 육체에 깃든 무언가를 찾아 헤매면서.

예를 들면 몽파르나스에서 그린 인물은 누드 뿐 아니라 동료가와 시인 장 콕토 등 예술가들도 많이 그렸다. 또한 모딜리아니를 후원했던 의사와 모딜리아니의 그림을 취급했던 화상 폴 기욤·레오폴드 즈보로프스키 등 많은 사람을 그린 것이 이를 증명한다.

비극적 사랑이 아름다운 이유

잔느 에뷔테른-배경에 문이 있는 풍경
Jeanne Hébuterne (aka In Front of a Door) (1919년~1920년경)

〈잔느 에뷔테른-배경에 문이 있는 풍경〉은 잔느가 두 번째 아이
를 임신했을 때 로 모딜리아니가 죽기 얼마 전에 그린 작품이다.
딸이 태어나면서 생활은 더욱 힘들어졌다. 너무도 사랑하는 잔느
지만 두 번째 아이까지 가졌으니 그의 책임감이 얼마나 무거웠을

까. 배경과 상의에서의 강렬한 붉은 색과 스커트의 강한 파란색의 보색 대비를 통해서도 섬뜩할 정도로, 불안을 넘어서 분노로까지 치닫는 그 당시의 상황을 예측할 수 있다. 사랑스런 여인과 함께 하면서도 모딜리아니는 여전히 술을 마셨고 난폭했으며 그러한 그의 불안과 분노는 잔느에게까지도 영향을 주어 잔느는 항상 자살을 생각했으며, 자살과 관련된 작품도 남긴다.

잔느 에뷔테른. 모딜리아니에게는 4번째 여자였고 14살 차이였다. 종교도 달랐고 신분계층도 달랐다.

1917년 7월 모딜리아니는 잔느를 처음 만났다. 당시 모딜리아니는 33세, 잔느 에뷔테른은 19세였다.

1차 세계대전이 일어나자 당시 30세였던 모딜리아니의 생활은 더욱 어려워졌다. 그는 전쟁에 참전하기 위해 자원하지만 기준 미달로 거절당한다.

이미 병약했던 건강은 가난으로 인한 고통과 알콜, 대마초 중독 등으로 힘든 나날을 보내던 중 3년 동안 여류시인 '베아트리스 헤이스팅스(Beatrice Hastings)'와 동거를 한다. 하지만 가난과 음주로 인한 모딜리아니의 과격하고 난폭한 행동 등으로 그녀는 본국인 영국으로 떠나버리고, 그 무렵에 그랑드 쇼미에르에 있는 콜라로시 아카데미(Academie Colarossi)에서 데생을 공부하던 잔느 에뷔테른을 운명적으로 만나게 된 것이다.

모딜리아니는 보수적인 카톨릭 집안에서 성장한 잔느의 지적이면서 신비스런 눈빛, 다소곳한 웃음에 매료되었다. 이들은 만나

자 마자 운명적 사랑에 빠져들었다. 하지만 잔느의 부모들에게는 14살이라는 나이 차이에, 마약과 심한 여성편력을 가진 병약한 모딜리아니와의 결혼을 허락하지 않았고, 급기야 잔느는 집을 나와 그랑드 쇼미에르가에서 동거를 시작한다.

그러나 대부분의 사랑은 왜 그렇게 순탄하지 않는 것일까.

임신한 잔느는 니스에 가서 아이를 낳았다. 니스에서 관광객들에게 그림을 팔았던 모딜리아니는 심리적으로 안정이 되었고 작품에 몰두할 수 있었다.

가난하다고 사랑을 모르겠는가,

이런 시가 떠오를 정도로 이들은 가난했지만 진정으로 사랑했다.

잔느는 모딜리아니에게 예술적 자극제가 되었고 구원의 여신이었다. 3년 동안 모딜리아니는 후세에 명작으로 알려지는 작품을 많이 그렸다.

그러나 현실은 비참했다.

잔느가 둘째 아이를 임신했을 때 처음으로 개인전을 열게 되었지만 누드화가 문제가 되어 개인전은 중단되고 좌절하게 되었다.

그럼에도 1919년 결혼을 약속하는 서약식을 통해 사랑을 확인했다. 그러나 겨울에 난로를 피울 수 없는 상황까지 되자 둘째를 임신한 잔느는 어쩔 수 없이 잠시 친정집에 가 있기로 결정했다.

힘든 상황을 견디지 못하고 다시 부모 집으로 돌아감으로써 현실도피를 한 것이다.

모딜리아니는 잔느가 보고 싶어 날마다 잔느의 친정집에 가서

잔느를 만나려고 했으나 못마땅하게 생각한 잔느의 부모의 강한
반대로 집 밖에서 추위에 떨다가 돌아오곤 했다.

자화상 Self-portrait (1919년)

모딜리아니가 얼마나 잔느를 사랑했는지 위 〈자화상〉 그림을
보면 알 수 있다.

마지막으로 그린 모딜리아니의 자화상은 잔느를 닮았다. 더군다나 '나는 나를 향해 마주보고 있는 살아 있는 인간을 봐야만 일을 할 수 있다.' 라며 평소에 절대 자화상을 그리지 않는 모딜리아니였는데 1919년 유일하게 그린 자화상이다.

그는 두려웠다. 결핵이 점점 더 심해지고, 죽음에 대한 공포, 사랑하는 잔느와 어린 딸을 두고 가야하는 두려움으로 더욱 더 술을 마시며 고통스러운 나날을 보낸다.

이 자화상에서 전체적인 색채는 황갈색이다. 그리고 역시 파란색이 있다. 갈색은 대지의 색, 자연의 색이다. 이제는 자연으로 돌아가야 함을 느끼고 있었던 것일까. 눈의 색채가 그가 주로 사용하는 파란색의 눈이 아닌 짙은 갈색이다. 그리고 반쯤 감겨진 눈빛에서 고독함과 슬픔을 읽을 수 있다. 죽음을 앞두고 자신의 삶에 대한 자기성찰을 하는 것은 아닐까.

전체적인 분위기에서 두려움과 불안함보다는 오히려 안정되고 부드러운 색감을 느낄 수 있다. 두터운 외투와 목도리를 통해 계절을 알 수 있다.

모딜리아니는 잔느에 대한 그리움과 가난의 절망으로 알콜과 마약 중독이 되었고 1920년 어느 날, 결핵 수막염에 걸리게 되었다. 그리고 마지막 모습은 이웃에 사는 화가에게 발견되었다.

모딜리아니의 사망 소식을 듣고 달려온 잔느는 죽은 모딜리아니 옆에서 회한과 슬픔에 어찌할 줄 모르고 망연자실해 있었다.

모딜리아니의 장례식은 많은 동료 화가들이 참석하여 치러졌고 22살의 미망인 잔느 에뷔테른을 부모가 데려갔다.

그러나 모딜리아니가 죽은 지 이틀 후에 잔느는 자신이 사는 건물에서 투신자살을 한다. 이 때는 뱃속에 아홉 달 된 아이를 가진 상태였다.

잔느가 자살을 선택한 이유는 아마도 두 가지 이유 때문이었을 것이다.

자신만 친정으로 와서 병든 남편을 지켜주지 못했다는 죄책감과 사랑하는 사람을 잃고 두 아이를 혼자 키우며 살아갈 자신이 없었기 때문이었을 것이다.

비극적인 예술가의 죽음은 그리 낯설지가 않다. 영화에서 많이 보아왔고 매스미디어를 통해 많이 접할 수 있다.

이들 부부는 죽은 후에도 잔느 식구들의 완강한 반대로 같이 있지 못한 채 헤어져 있어야 했다. 그러나 둘의 사랑을 지켜본 친구들의 지속적인 설득으로 죽은 지 약 10년 만에 합장되어 다시 만나게 된다.

필자는 사랑과 이별에 대해 많은 생각을 해본다. 그만큼 우리가 세상을 살아가는 데 있어 너무도 중요한 요소이기 때문이다.

사랑의 힘은 위대하다. 사랑은 가난하고 힘들어도 살아갈 힘을 주고 예술의 길을 걸어갈 원동력이 된다.

실연과 이별의 상처 때문에 힘들어 하는 사람들이 있다.

모딜리아니와 잔느는 서로 사랑했지만 현실적인 장벽 때문에 만나고 싶어도 만나지 못했다. 실연 아닌 실연을 당한 것이다. 얼마나 마음이 찢어지고 답답했을까?

모딜리아니는 결국 알콜과 마약으로 자신을 파괴하는 길을 통해 고통을 끝냈다. 하지만 그것이 최선책이었을까? 사랑한다면 더 설득하고 더 참고 기다리고 더 끈질기게 버텨야 했다.

잔느도 죄책감과 상실의 슬픔으로 자살을 선택했다. 사랑하는 사람이 가난하고 몸이 병약했지만 같이 이겨나갔어야 했다. 잠시의 이별을 선택했다가 영원한 이별이 된 것이다.

왜 불운한 삶을 살았던 천재화가들에게는 "행복하게 잘 살았다"라는 해피엔딩의 결말이 흔하지 않는 것일까.

순간의 고통은 힘들지만 실연의 아픔을 견디면 그것이 새로운 힘이 된다. 당시에는 죽을 것 같은 고통이지만 어떻게든 살아남으면 새로운 사랑은 또 다른 느낌으로 다가온다.

비극적인 사랑이 아름다운 이유는 비극조차 숭고하게 볼 수 있는 우리들 마음의 여유 때문이고 언제든지 그것을 견딜 준비가 되어있기 때문이다.

또한 신영복 교수는 이렇게 말했다.

"우리가 비극을 아름답다고 하는 것은 비극의 사람들을 위로하기 위한 작은 사랑에서가 아닙니다. 비극이 감추고 있는 심오한 비의를 깨닫는 냉철한 이성을 공유하기 위해서입니다."
- 신영복, 담론

페르디낭 호들러 Ferdinand Hodler (1853~1918)

검은 죽음을 초월하다

죽음은 끝이 아니다

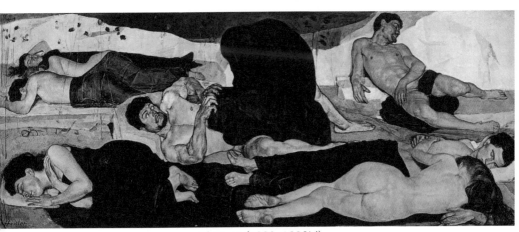

밤 Night (1889~1890년)

제목과 같이 다들 곤히 자고 있는 밤이다. 그런데 가운데 있는 사람은 잠들지 못하고 이불 속에 있는 뭔가에 놀라 깨어 공포에 떨고 있다.

당신이 덮고 있는 이불 속에서 뭔가가 나타난다고 생각해 보자. 이것보다 더한 공포는 없을 것이다.

사타구니 쪽에서 형체가 보이지 않는 괴물체가 부시시 일어난다면 생식과 관련된 죽음의 공포가 엄습할 것이다. 보이는 것은 무섭지 않다. 눈에 보이지 않기에 더욱 공포스러운 느낌이다.

놀라는 사람은 외모로 보아 호들러 자신의 모습을 그리고 있다.

호들러가 악몽을 꾸고 잠을 깰 정도의 강한 공포의 뿌리는 호들러의 개인사에서 찾을 수 있다.

온 가족이 어린 시절에 모두 죽었기에 죽음에 대한 공포가 아주 컸을 것이다.

호들러가 7살 때 목수였던 아버지가 결핵으로 죽었고 곧 이어 두 동생도 결핵으로 죽었고 14살 때는 어머니도 역시 결핵으로 죽었다. 양아버지도 알코올 중독자가 되어 영국으로 건너가 호들러가 17살 때 결핵으로 죽었다.

결핵이 불치병이었던 시대에 호들러는 오로지 혼자 살아남은 것 같아 외로웠을 것이고 언제 자신도 죽을지 몰라 늘 죽음의 공포에 떨었을 것이다.

그림에서 이불을 모두 검은색으로 칠했다. 잠이라는 것은 휴식이 아니라 검은 죽음을 덮고 자는 것으로 인식했다는 뜻이다.

낭만주의 시대에는 죽음도 아름다운 비극이었으나 호들러에게 죽음은 그저 개인의 악몽일 뿐이었다.

〈밤〉은 호들러가 36세에 그린 그림이다. 그린 시기로 보아 공포스러운 불면증의 또 다른 원인은 복잡한 결혼관계에서 찾을 수 있다.

호들러는 31살에 모델이었던 어거스틴 뒤팽을 만나 아들 헥토르를 낳았다. 아들 헥토르는 호들러의 그림에 자주 나와 중요한 역할을 한다.

결혼은 하지 않은 상태로 아들만 서류에 올리고 36세에 21세인 베르다 스투키와 만난지 2년만에 결혼했다.

호들러는 두 여자 사이에서 불안한 생활을 하다가 2년 후에 이혼을 했고, 또 다른 여자인 모델 베르트 쟈크와 두 번째로 결혼했다. 그리고 1901년 잔느라는 여인과 만나 동거에 들어갔다.

55세 때는 35세의 도자기화가인 발렌틴을 만나는데 호들러는 발렌틴을 진정 사랑하였다. 그의 인생에서 지금까지의 여자들과는 다르게 생각했고 둘 사이에서 딸을 낳기도 했다. 그러나 발렌틴은 안타깝게도 암으로 사망했다.

호들러는 죽음의 악몽을 어떻게 이겼을까?

그는 이렇게 생각했다. 죽음은 끝나는 것이 아니라 하나의 삶의 과정이라고.

죽음을 두려워하지 않는 의연함이 악몽을 견뎌낼 수 있었던 것이다.

죽음은 분명 두려운 것이지만 아직 오지 않은 것을 미리 걱정할 필요는 없다. 우리는 이렇게 닥치지도 않은 추상적인 것을 생각 속으로 실체를 만들어 두려움을 만든다. 자주 불안을 느끼고 공포를 느끼는 사람들은 나쁜 것을 미리 상상을 하기 때문이다.

왜 죽음을 두려워할까.

그것은 이 세상에 있던 것이 없어지기 때문이다. 무한을 꿈꾸는 욕망이 유한적으로 제한되어 삶이 단절되기에 두려워하는 것이다. 그리고 죽음을 끝이라고 보기에 두려워하는 것이다. 하지만 죽음은 끝이 아니다. 우리 몸은 죽어도 업적이나 흔적, 그리고 나의 유전자는 남기에 죽음은 끝이 아니고 다시 태어나는 것이다.

종교적으로 본다면 불교나 기독교에서 환생과 영생이라는 이름으로, 무한한 생명을 우리 마음 속에서 유한으로 바꿔놓고 있는 것이다.

프로이트는 죽음도 욕망이라고 보았다.

사람은 보통 두 가지 욕망이 있는데 그것은 삶의 에너지인 리비도(성에너지)와 죽음의 에너지인 타나토스(공격성)이다. 죽음의 에너지인 공격성이 외부로 향할 때 전쟁을 하고 자기에게 향할 때 자살을 하게 된다.

죽음의 욕망을 적절히 하여 자기 발전으로 삼는다면 공정한 경쟁을 통해 건전하게 발전할 수 있다.

또한 어떻게 살 것인가, 생각하는 것도 좋지만 어떻게 죽을 것인가, 생각하는 것도 중요하다.

올바른 죽음을 위해 의미 있는 삶을 살기 위해 노력할 것이기 때문이다.

낮 The Day (1901년)

밤이 있으면 낮이 있다.

호들러는 〈밤〉이라는 제목으로도 그림을 그렸고 또 〈낮〉이라는 제목의 그림도 그렸다. 밤이 부정적 이미지로 표현하였다면 낮은 긍정적 이미지로 표현하였다.

〈낮〉 그림을 보면 요가 같기도 하고, 기도 같기도 한 독특한 동작을 취하며 벗은 여인들이 5명 앉아있다.

어떤 종교집단에서 의식을 치르는 듯한 동작이어서 신비스러운 느낌이다.

죽음 앞에서는 나약한 인간이 이를 초월하려는 방법적 모색을 신비주의적 동작으로 찾으려 한 것으로 보인다.

어떻게 보면 춤을 추는 모습처럼 보여 아름답기까지 하다. 온몸을 뒤틀며 '자연과 합일된 육체'라고 할까. 문명의 옷을 벗어버린 자연 그대로의 여인들이 온 몸으로 피어나는 꽃들과 함께 생명을 잉태할 수 있는 위대한 여체를 한껏 움직여 육체의 축제를 벌이고 있다.

이 당시 호들러는 사실주의 기법으로 그림을 그렸는데 초록의 잔디에 흰 천이 깔려 자연과 문명이 결합된 모습이다.

흩어진 꽃잎은 일정한 간격으로 피어 독특한 조형미를 나타낸다.

벗은 살구색이 배경으로도 비슷하게 쓰여 튀지 않으면서 자연스러운 조화를 이룬다.

그림 〈낮〉은 파리박람회에서 금메달을 받았다. 이후로 호들러는 점점 주목받는 작가로 성장하기 시작했다.

1890년대의 작업을 통해 1900년 이후 호들러의 독자적인 예술관인 '평행주의'의 구성양식이 고착된다.

역사적 그림을 통해 확립된 그의 '평행주의'는 개인적 조형 원리 외에 당시 스위스가 처한 사회적, 정치적인 현실 속에서의 시대적 정신성의 산물이라고 할 수 있다.

세기의 전환기에 혼란스럽던 19세기를 지나 20세기의 희망적인 미래를 바라면서 그의 작품은 스위스의 이상적인 사회와 조국의 모습을 담고 있다. 하나의 정신으로 단합된 이상적인 민주사회의 모습으로 질서와 통일을 지향하는 '평행주의'는 그의 조국 스위스의 민주적인 정신을 반영한다. 8)

---

8) 윤옥영, 『호들러의 작품에 나타난 내셔널리즘』, 이화여자대학교, 2002

내가 원해서 태어났다

선택받은 자 The chosen One (1893~1894년)

여섯 명의 천사 같은 여인들이 대칭으로 서 있다. 모두 등에 날개가 있고 옷의 칼라와 형태가 같고 공중에 떠있다. 손동작은 조금씩 다르지만 좌우 끝의 두 인물의 동작이 같고, 또한 두 번째와 네 번째 인물의 동작이 같다. 이처럼 대칭을 이루며 같은 동작을 취하고 있다.

호들러는 이렇게 동일한 형태가 반복하는 그림을 자주 그렸고 스스로 평행주의(Parallelism)라고 이름 지었다.

호들러가 평행주의로 그림을 그리게 된 밑바탕에는 이집트 미술을 연구한 경험이 있기 때문이다.[9] 이집트 미술의 특징은 바로 반복인 것이다.

가운데 있는 소년은 호들러의 아들이다. 소년의 위치를 가운데 배치한 것으로 보아 호들러는 아들을 중요하게 생각하고 있다는 것을 짐작할 수 있다.

호들러는 〈선택받은 자〉의 주제를 '봄의 전령'으로 정했다. 봄이 되자 새로운 희망을 알리는 천사들이 각자 다른 동작으로 아이에게 축복을 주고 희망을 전달하고 있다.

성스럽고 경건하게 느껴지는 이 그림은 자연의 순환 속에서 한 아이에 대한 수호신이 된 천사들의 표정과 몸짓에서 경외감마저 느끼게 한다.

기도하는 아이는 무엇을 기원하는 것일까?

아이가 앞에 작은 나무를 심어놓고 기도하는 것을 보니 살아있다는 것에 감사하고 자연의 신비에 감사하고 있는 것으로 보인다.

이것은 곧 호들러의 마음과 연결되어 있다. 네 명의 여신들이 꽃을 들고 있는 것도 이와 무관하지 않다. 그토록 죽음의 그림자에서 고통을 받았던 호들러는 자신의 아들만큼은 선택받아 죽지 않

9)송민정, 『호들러의 〈선택받은 자 The Conscrcrated One〉 연구』, 숙명여자대학교, 2008, 22쪽

기를 바랐을 것이다. 아들의 탄생에 기쁨을 넘어 신비감마저 느끼고 아들에게 축복이 있기를 바라고 또 다른 불행한 죽음을 보지 말기를 기도했을 것이다.

이 그림은 기독교적 색채가 짙은데 호들러는 종교를 통해 죽음의 어두운 그림자를 이겨낼 수 있었다. 한때는 성직자를 꿈꾸기도 했기에 자연스럽게 기독교에 대한 영향을 받을 수 밖에 없었다.

〈선택받은 자〉는 장미십자회와 연관이 있다. 1892년 2회 장미십자회 전시에서 〈숭배〉를 출품하였는데 이는 〈선택받는 자〉에 나오는 소년의 원조이다.

장미십자회는 펠라당이 종교적인 예술을 반전시키기 위해 만든 단체이다. 펠라당이 주로 장려한 분야는 카톨릭의 이상, 신비주의, 신화, 전설, 꿈, 숭고미를 표현하는 누드화 같은 것이었다. [10]

색채로도 이러한 신비주의를 표현하고 있다. 옅은 하늘색의 옷, 검은 머리, 초록색과 보라색이 어우러진 땅이 이 세상에 없는 것 같은 느낌이 들게 한다.

종교적 관점에서 보면 우리는 모두 '선택받아' 태어났다. 기독교에서 말하는 선민(選民)사상이다. 노아가 수많은 사람 중에 선택받아 방주를 만들어 홍수 속에서 살아남은 것처럼 신에게 선택받아 살아남았다는 것이다.

10)송민정, 『호들러의 〈선택받은 자 The Consercrated One〉 연구』, 숙명여자대학교, 2008, 49쪽

기독교는 원죄의식과 함께 절대 유일신 앞에 순종해야 하기에 '선택받은'이라는 피동으로 표현했다.

종교를 떠나서 다르게 표현해 보면 능동적으로 자존감을 높이기 위해서는 스스로 선택해서 태어났다고 믿어도 좋다. 우리는 분명히 일생의 어느 때 1등을 해 본적이 있다. 기억은 잘 나지 않을 것이다. 하지만 인간이 태어난 것은 엄마 뱃속의 정자일 때 1등으로 달려 난자와 만났기에 태어난 것이다.

인간은 우연히 태어난 것이 아니다. 태어나기 싫었다는 말은 거짓말이다. 당신은 스스로 태어나기를 원해서 태어난 것이다.

그런 집념으로 살아간다면 또 다시 한 번 더 1등을 하지 말란 법은 없을 것이다.

춤소리가 들려온다

먼 곳에서의 노래 Song in the Distance (1914년)

한 여인이 춤을 추고 있다. 파란색의 긴 치마는 호들러의 다른 그림에서도 보이는 옷과 같다.

여인은 맨발이다. 문득 미국의 무용수 '맨발의 이사도라 던컨'이 떠오른다. 실제로 호들러는 발레슈즈를 신지 않고 허벅지를 내 보이며 춤의 혁명을 일으켰던 이사도라 던컨을 예찬한 사람이다.

이사도라 던컨은 자유로운 영혼을 지닌 예술가였다. 고정관념과 관습에 얽매이지 않고 자유와 사랑을 실천했다.

열여덟 살이나 어린 시인 예세닌과 결혼했고 죽을 때도 평범하게 죽지 않았다. 목에 두른 머플러가 자동차 바퀴에 끼면서 목에 감고 있던 머플러에 목이 졸려 낭만적으로 죽었던 것이다.

〈먼 곳에서의 노래〉 그림에서 여인의 동작은 역동적이지 않고 정적이다. 마치 십자가에 못 박힌 예수처럼 팔을 양쪽으로 벌렸다. 표정은 두 눈을 반쯤 감고 무엇인가를 생각하고 있다.

짙은 파란색의 옷은 연한 황토색 바탕에 대비되어 더욱 도드라져 보인다. 춤과 여인을 강조하기에는 아주 좋은 색채 선택이다.

화면이 3개로 분할되어 좌우와 상단에 여백이 있다. 가운데 우뚝 선 여인을 중심으로 대칭으로 나누어진 공간이 안정감이 있고 옷의 선이 물 흐르듯이 유연하다.

제목을 왜 '먼 곳에서의 노래'라고 했을까.

호들러는 춤을 하나의 노래로 보았던 것일까. 혹은 먼 곳에서 노래가 들려온다고 생각했던 것일까.

이 그림을 그릴 당시, 역사적으로는 독일인의 잔학 행위가 있었고, 개인적으로는 호들러의 애인이 암에 걸려 투병을 하고 있었다.

여인의 표정도 어둡고 우울한 느낌인데 그림이 슬프게 해석되는 이유는 파란색을 사용했기 때문이다.

서양에서 파란색은 우울한 감정을 나타내는 색이다. 언어에서도 나타나는데 예를 들면 흑인들의 음악에서 유래한 느리고 우울한 음악을 '블루스(Blues)'라고 하고 우울하다는 표현을 'I am blue' 라고 한다.

이렇게 암울한 때에 구도적인 춤 동작을 통해 호들러가 추구하는 가치를 표현하려 했는데 그 것은 먼 곳에서 서서히 들려오는 노래처럼 여겨졌을 것이다. 그것은 하나의 탈출구이자 구원의 손길이었다.

노동자가 영웅인 나라에서 살고싶다

나무꾼 Wood Cutter (1910년)

그림 〈나무꾼〉을 보면 한 남자가 있는 힘껏 도끼를 내려쳐 나무를 패고 있다. 몸 전체가 화면의 대각선을 가로질러 길게 역동적인 움직임을 보여주고 있다.

눈이 왔는지 바닥이 흰색이고 배경도 흰색이다. 흰 배경에 짙은 옷을 입은 나뭇꾼이 선명하게 두드러져 보인다.

오히려 구름이 파란색이다. 구름은 먹구름도 있으니 논리적인 잣대로 볼 필요는 없을 것 같다.

1908년 유명 화가가 된 호들러는 일상의 모습을 주로 그렸다. 스위스 국립은행이 호들러에게 시골 노동을 주제로 50프랑 지폐에 들어갈 그림을 의뢰하였다.

호들러는 아버지가 목수였기에 자연스럽게 나무꾼을 그리기로 결정했다. 이 때 그린 그림이 바로 이 〈나무꾼〉이다.

그러나 실제로 발행된 50프랑 지폐에는 역동적인 모습은 없고 조금 더 부드러운 모습이었다. 또한 지폐의 화풍은 사실주의로 그려져 호들러의 표현주의와는 거리가 있었다.

실망한 호들러는 원작과 같은 그림을 더 그렸고 다시 복사본을 그렸다.

보통 대다수의 나라에서 지폐에 위인의 모습을 담는데 스위스는 화가의 그림을 넣은 것도 파격적이고 노동자의 일상의 모습을 반영한 것도 대단하다. 그만큼 노동자가 바로 영웅이라는 가치관이 반영된 것이다.

한국에서도 노동자가 대우받는 사회가 되기를 기대해 본다.

또한 척박한 문화와 예술에 대한 유연한 사고를 지닌 정치지도자들이 많이 나와 예술에 대한 고정관념을 없애고 예술가들을 천시, 탄압하는 일이 없도록 해야 한다.

예술은 삶의 근간이고 경제 발전과 병행하여 예술도 발전을 이루어야 천민자본주의에서 벗어날 수 있다.

삶은 하나의 풍경이다

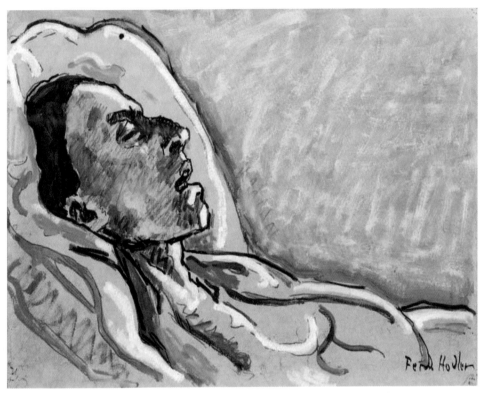

죽어가는 발렌틴 The Dying Valentine Gode-Darel (1915년)

호들러는 말년에 초상화를 집중적으로 200점이나 그렸다. 그
것도 죽어가는 사람을 연속으로 사진 찍듯이 하루에도 여러 장
씩 자주 그렸다. 그 대상은 바로 사랑하는 여자 발렌틴이었다.

호들러가 발렌틴 고데-다렐과 만난 것은 발렌틴이 1908년에 '
쿠르살드 제네바 극장'에서 오페레트에 출연하면서부터였다.

발렌틴이 스위스로 가면서 잠시 헤어졌다가 다시 만나 열렬히 사랑했다.

발렌틴은 교양이 넘치고 귀족적인 여자였다. 호들러는 자신에게는 없는 이런 점을 사랑했는지 모른다.

1913년에는 딸 폴린을 낳았다. 그러나 그 다음 해 발렌틴이 40세에 암에 걸려 수술을 받았으나 회복은 되지 않고 병이 깊어져만 간 것이다.

호들러가, 죽어가는 발렌틴을 그리게 된 이유는 물어보나마나 사랑하기 때문이었다. 그렇더라도 어떻게 처참하게 죽어가는 아내의 모습을 그릴 수 있을까?

어린 시절부터 죽음에 익숙한 호들러는 이제는 죽음을 두려워하지 않는 경지에 이르렀다.

오로지 사랑하는 여인의 심정을 같이 느끼기 위해 죽어가는 고통스러운 모습을 그리며 그 고통을 나누려 한 것이라고 판단된다. 사랑하는 여인의 마지막 모습이라도 남겨보려는 필사적인 몸부림이었을 것이다.

병실에서 본 제네바 호수 (1915년)

위 〈병실에서 본 제네바 호수〉 그림은 발렌틴의 임종 직후 호들러가 그린 풍경화이다. 바로 발렌틴이 암과 투병하며 바라보고 있었던 제네바 호수의 일몰 모습이다.

구름이 층층이 이루어진 하늘은 가히 환상적이다. 사후 세계가 이런 곳이라면 죽음도 두렵지 않을 것이다. 너무도 환상적이고 아름다워서 마치 저 하늘로 빨려 들어갈 것만 같다.

어찌보면 이런 풍경을 보면서 죽어간다는 것은 아무나 누리지 못하는 행운일 수도 있다.

삶을 하나의 무늬로 바라보라는 어느 시인의 말이 있지만 죽음도 하나의 무늬로 말하라고 한다면 바로 이 모습일 것이다.

계란 노른자처럼 따뜻한 노란 저녁 노을이 절망적이지 않고 오히려 희망을 전해주고 있다.

일몰이 희망이라니. 역설로 들릴 수 있지만 내일 다시 해가 뜬다고 생각하면 실제로 희망이 아닐까?

노랑과 파랑의 보색대비를 통해 당시 그의 양가감정상태를 알수 있다. 파랑의 우울함과 절망, 슬픔 가운데 한줄기의 희망과 대지의 색인 갈색을 통하여 자연으로 돌아감을 암시하며 편안함을 표현한 것이라 해석할 수 있다.

발렌틴이 세상을 떠나자 호들러는 오직 그림만 그렸고 20점 정도의 자화상을 그렸다. 그렇게 3년이 지난 1917년 건강이 더욱 나빠져 자살을 생각했던 호들러는 다음 해 미완성의 작품들을 남겨 놓고 65세에 세상을 떠났다.

1918년은 화가들이 많은 죽은 해이다. 에곤 실레, 클림트도 같은 해에 죽었다.

호들러가 통찰한 다음과 같은 죽음에 대한 생각은 오늘 하루를 살더라도 두려움 없이 당당하게 살아가는 힘을 줄 것이다.

"인지적으로, 그리고 가능한 한 능동적으로 죽음을 받아들이자. 그렇게 하면 걸작이 탄생할 것이다"

앙리 루소 Henri Rousseau (1844~1910)

원시적으로 소박하게 사는 기쁨

꿈꾸면 이루어진다

나, 초상-풍경 Myself, Portrait-landscape (1890년)

〈나, 초상-풍경〉이라는 제목의 자화상은 앙리 루소가 낙선전에 출품한 자화상이다.

이 자화상의 독특한 점이 무엇인지는 금방 알아차렸을 것이다. 바로 배경을 중요하게 여겨 선명하게 그렸다는 것이다. 배경은 전혀 없이 인물만 그린 다른 대부분의 화가의 자화상과 달리 이 그림은 인물과 함께 배경에도 신경을 써서 그렸다.

만국기가 펄럭이는 배가 강 위에 떠 있다. 프랑스의 쎄느 강변에서 정장을 한 화가는 붓과 팔레트를 들고 서 있다. 자신의 정체성을 드러내며 '나는 화가다'라고 자부심을 가지고 말하는 듯하다.

예술적인 요소보다는 기념사진을 찍듯이 자랑스럽게 취한 포즈를 더 중점으로 그린 그림이다.

루소가 이렇게 인위적인 느낌으로 스스로 화가임을 자랑하려는 자화상을 그린 사유가 있다.

그는 경제적으로 어려워 고등학교를 중퇴하고 24세에 가장이 되었고 생계를 위해 세관원에서 통행료 징수 업무를 했다. 도장 찍어주는 단순직을 하면서 지루한 일상의 탈출구로 일요일마다 그림을 그렸는데 정식으로 배우지 못하고 혼자 독학으로 했다. 그래서 '일요화가'라는 놀리는 듯한 별명을 얻었다.

그러나 실력과는 상관없이 대단한 자부심을 가지고 자신은 화가의 길을 걷고 있다고 생각했고 '자연'이 유일한 스승이었다고 말하며 꿈을 포기하지 않았다. 어찌 보면 자부심이라기보다는 자만심이라고 해도 맞다.

파카소에게는 이런 말을 할 정도로 자신감이 대단했다.

"우리 둘은 위대한 화가야. 자네는 이집트 스타일이고 나는 현대적인 스타일이야."

마리 로랑생

기욤 아폴리네르와 마리로랑생의 초상
The Muse Inspiring the Poet 일부
(1909년)

기욤 아폴리네르의 애인 마리 로랑생의 실제 사진과 루소가 그린 그림을 비교해 보면 얼마나 그림을 못 그리는지 알 수 있다. 이 그림은 사실주의를 추구한 그림이다.

그러나 여기서 루소에게 배울 점이 있으니 남이 높여주지 않으면 스스로 높이는 것도 자신감을 유지하기 위한 하나의 방법이라는 것이다. 기죽고 의기소침해 있는 사람은 자부심을 갖기 위해 배워야할 자세이다.

아이러니하게도 그가 원근법을 배우지 못해 명암을 무시하고 그린 그림이 현대미술의 기준으로는 탁월한 작품이 되었다.

그는 많은 고생 끝에 40세가 되어서 미술관과 박물관에 들어가 그림을 모사할 수 있는 허가증을 받았고 이 후에 '살롱 드 샹젤리제'에 출품을 했을 정도로 화가로서의 시작이 늦었다. 그러나 데뷔 이후부터 사망하기까지 24년간 거의 매년 '앙데팡당'이라는 독립미술가전에 출품할 정도로 그림 작업에 몰두했다.

앙데팡당전은 살롱에 낙선한 화가들의 활로가 된 전시회였다. 관전에 대항하는 개인전, 낙선전, 그룹전 등 개성과 독립성을 우선시 하고 기성의 권위를 거부하는 새로운 흐름이 되었다.

그는 프랑스에서 가장 위대하고 돈 잘 버는 화가가 되고 싶어 했다.

그는 41세에 작업실을 만들었고 49세에 22년간 일했던 세관에서 퇴직하고 그림에만 전념했다.

그의 그림은 대다수의 평론가들에게는 혹평을 받았지만 동료 화가인 피카소를 비롯하여 마티스, 로트렉, 들로네, 시인 아폴리네르 등에게는 호평을 받았다. 단순화한 사물, 명확한 구도, 소박함이 입체파와 연결되고 초현실주의의 문을 열었다는 것을 인정한 것이다.

루소 주변에는 좋은 친구가 많았는데 인복이 있다는 표현보다는 선하고 베풀 줄 아는 그의 넓은 마음이 사람들에게 가 닿아 다시 돌아온 것이라고 해야 맞다.

하고 싶은 예술을 위해 안정을 버리고 진정한 자신의 삶을 찾은 앙리 루소에게 찬사를 보낸다.

배부른 돼지가 될 것인가, 배고픈 소크라테스가 될 것인가. 배는 부르지만 정신은 허기지고, 지루한 일로 죽은 듯 살아갈 것인가. 변화무쌍하지만 자신이 하고 싶은 일을 하며 살 것인가. 이는 실로 중요한 문제이다.

먹고 살기 위해서 하기 싫은 일을 노예처럼, 기계처럼 할 것인가. 혹시나 지금 이 문제 때문에 고민하는 사람이 있다면 다시 한번 진지하게 엄중히 자신에게 물어봐야 할 것이다.

꿈을 포기하지 않고 나이와 상관없이 계속 한다면 언젠가 꿈은 이루어진다는 것을 루소가 보여주고 있다.

사자와 함께 공존하는 유토피아

잠자는 집시 The Sleeping Gypsy (1897년)

얼마나 고단했길래 사자가 다가와도 모르고 잠을 잘까?

여인은 옷을 입은 채로, 누가 가져갈까봐 지팡이를 손에 꼭 쥐고 가로로 누워있다. 얼굴은 정면을 바라보고 옆으로 기대 누웠다. 사자는 측면을 보여주고 여인의 옷 냄새를 맡는 것처럼 보인다.

그러나 자세히 보면 사자는 더 멀리 있다. 단지 얼굴이 집시여 인의 옷과 닿아 보일 뿐 원근법에 맞지 않는다. 이런 면에서는 마치 초등학생이 그린 것 같다.

일부러 그랬을까, 미숙해서 그랬을까?

루소가 그림에 소질이 없었기 때문에 이렇게 되었다는 것이 다수의 의견이다. 그렇다면 그림에 소질이 없는 사람이 어떻게 인정받는 화가가 되었을까?

앙리 루소는 천재 화가라고 불리던 피카소와는 정 반대의 화가였다. 정식으로 미술 교육을 받지도 않았고 세관원으로 일하면서 일요일에만 취미로 그림을 그렸다.

그러나 그토록 비난과 천시를 받아도 꾸준히 그림을 그렸는데 그 원동력은 무엇일까?

그것은 친했던 화가의 칭찬이었다. 피카소와 고갱은 루소의 그림을 예의상 칭찬했는데 그 정도가 과했다. 루소는 이 말을 진실로 믿고 계속 그림을 그렸던 것이 시작이었다.

파리의 앙데팡당 전에 출품되었던 〈잠자는 집시〉 그림은 당시에는 인정받지 못하였다. 그러나 루소는 이 작품에 상당한 자부심이 있어서 고향인 라발시의 시장에게 이 그림을 구입해 달라고 부탁까지 했다. 하지만 답변이 없었다.

그러나 좌절하지 않고 지속적으로 노력한 결과 나중에는 소장 평론가, 수집가들에게 예술성을 인정받았다.

그림 〈잠자는 집시〉를 보고 있으면 환상 속으로 여행 하는 것 같다.

가장 먼저 눈에 들어오는 것은 잠자는 여인의 화려한 옷이다. 그리고 사자와 집시여인이 같은 공간에 있는 구도이다. 이상한 구성 때문 호기심이 일어나고 우리를 환타지로 안내한다.

코발트블루 물감을 뿌려 놓은 듯 푸른 밤에 보름달이 둥실 떠 있다.

밤하늘의 색채가 어떤 색이냐에 따라 느낌이 많이 다를 것이다. 너무 어두우면 무서운 느낌이 날 것인데 푸른 그라데이션으로 환타지 느낌을 잘 표현했다.

여인의 피부는 검은색이고 옷이 화려하다. 색채 대비가 매우 적절하여 신비감을 더해 주고 있다.

시인 장 콕도가 이야기 한 대로 '평화롭고 신비하고 천진난만한 그림'이다.

궁금증이 많이 일어난다.

집시여인은 만돌린으로 많은 사람들에게 연주를 들려주었을까, 스스로 만족해서 연주했을까?

낮에 만돌린으로 여러 사람에게 위안을 주었다면 밤에는 사자가 위로해 주지 않을까?

그림에서 마치 사자가 여인에게 무슨 말인가 하려고 하는 것 같다.

명상을 해 보자.

나는 집시 여인이 되어 아무도 방해하지 않는 고요한 사막에 와 있다. 모래가 푹신한 침대 역할을 해 주고 투명하고 푸른 밤하늘이 이불이 되어 덮어준다. 내 곁에는 백수의 왕 사자가 지켜

주고 있다.

달은 노란색이 아니고 하얀색이다. 그래서 더욱 환상적이다.

이 세상에 없는 곳. 사자와 사람이 함께 평화로운 곳. 이 곳이 바로 유토피아다. 그 유토피아는 바로 이 그림의 부제로 붙은 '아무리 사나운 육식동물도 지쳐 잠든 먹이를 덮치는 것은 망설이는' 곳이다.

이 메시지는 당시 시대 상황에서 루소가 하고 싶었던 말이지만 지금 한국에서도 통할 수 있는 메시지이다.

돈 많고 권력 있는 강자들에게, 약한 사람들의 최소한의 보루까지 빼앗지 말자는 의식 있는 메시지를 던지는 것이다. 앙리 루소는 동화 같은 그림으로 사회적 발언을 한 것이다.

멸망한 자연, 역설로 말하기

전쟁, 혹은 불화의 기마상 War, or Discord on Horseback (1894년)

땅에 사람들의 옷이 벗겨진 시체가 수없이 널려있다. 까마귀는 기다렸다는 듯이 시신을 향해 달려든다.

하늘 중앙에서 여자가 말을 타고 소리 지르며 지나가는데 오른 손에는 칼, 왼 손에는 불을 들었다.

프랑스에서 일어난 전쟁의 참상을 보여주려는 의도인 것 같기도 하고 특정 군복이나 표식이 없는 것을 보니 일반적인 전쟁을 표현하려는 것 같기도 하다.

주로 어두운 색채로 전쟁을 나타내려 한 것 같다. 나무는 까맣게 탔고 구름은 붉은 색이다.

이 〈전쟁, 혹은 불화의 기마상〉 그림은 원초적 자연의 순수함을 주로 그리던 루소의 그림과는 조금 다른 느낌이다.

그러나 자연이 불타고 멸망하는 디스토피아를 보여줌으로서 역설적으로 자연의 위대함과 소중함을 알려주려는 의도가 아닐까. 참혹한 자연이 여린 한 소녀에 의한 망가지는 모습을 통해 의미 있는 메시지를 던지려는 것 아닐까.

자연이 불타고 사람이 희생되는 것은 철없는 아이 같은 독재자의, 순간적으로 잘못된 생각으로 이루어질 수도 있다. 그림에서 시대와 인물을 특정 짓지는 않았지만 인류 보편적인 공감이 있기에 시대가 달라도 그림을 보며 우리는 감동을 하는 것이다.

이 〈전쟁, 혹은 불화의 기마상〉 그림은 개인적인 불행을 반영한 그림이라는 해석도 가능하다.

루소는 무척 가난했다. 그림만 그리는 전업 화가가 되기 위해 직장에서 퇴직하여 연금으로만 살기는 힘들어 돈을 벌기 위해 바이올린을 가르치고 편지 대필을 했다.

가난보다 더한 고통은 아이 다섯 명이 죽었고 부인마저 젊은 나이로 세상을 떠난 사실이다. 10여 년 후 55세 때, 재혼한 두 번째 부인 조세핀도 4년 후인 1903년에 사망하고 말았다. 루소의 마음 속에는 절망과 패배감이 가득 찼을 것이다.

평론가 루이 로이(Louis Roy)는 이 그림에 대해 다음과 같은 평을 했다.

"그의 그림이 이상해 보일 수 있다. 왜냐하면 이전에 본 적이 없기 때문이다. 왜 본 적이 없는 것은 조롱해야 하는가. 이 그림은 어린이 같은 성격과 에밀리 브론테 소설에서와 같은 순수함과 동화 같은 공포가 있다. 루소는 독특한 양식을 통해 흔하지 않다는 장점을 표현했다. 그는 바로 새로운 예술을 지향하고자 한 것이다."

발가벗고 초록 숲에서 일탈하기

꿈 Dream (1910년)

앙리 루소의 〈꿈〉이라는 그림을 보고 어느 비평가가 루소에게 물었다.

"왜 정글에 소파가 있나요?"

루소가 대답했다.

"여자가 소파에서 잠을 자다가 밀림에 있는 꿈을 꾸었기 때문입니다."

루소는 야드비가(Yadwigha)라는 여자를 그림에 등장시켜 꿈 이야기를 하지만 실제는 앙리 루소가 꾸는 꿈이다. 야드비가에 대해서는 이름만 있을 뿐 누구인지 전혀 알려진 내용이 없다. 혹시 숨겨둔 여자는 아니었을까?

그림 속 장소는 기독교에서 말하는 태초의 세계인 에덴동산 같다. 균형 잡힌 몸매가 육감적인 여자는 이브가 아닐까? 그럼 아담은 어디 있을까? 화가 자신이라고 생각해서 그림에 표현을 안한 것은 아닐까? 아니면 가운데서 피리를 불고 있는 여인일까?

그림 〈꿈〉의 기본은 소파로 상징되는 문명화된 여인과 정글로 상징되는 야생적인 것의 결합이다. 뱀이 유혹하기 위해 다가오면 여자가 쳐다보며 관심을 나타내고 그녀는 반인반수의 피리 부는 사람을 가리키고 있다.

이 그림은 자세히 봐야 보인다.

흑인 여인은 맹수들을 앞세우고 피리 소리로 맹수들을 조종하는 것 같다. 아니 맹수뿐만 아니라 벗은 여인도 지배하고 있다. 아니 더 나아가 숲의 모든 식물들이 피리소리에 맞춰 춤을 추고 있는 것 같다. 벗은 여인이 소리 나는 쪽으로 고개를 돌려 쳐다보고 있다. 숲의 길이 열리고 있다.

나무에는 오렌지색 열매가 있고, 새가 앉아있다. 검은 원숭이들이 있고, 몸의 일부만 보이는 코끼리가 있다. 앞 쪽에는 낯익은 식물이 보이는데 산세베리아가 눈에 들어온다.

앙리 루소는 많은 동물, 식물들을 빽빽하게 우거진 수풀 사이로 숨겨놓고 생의 비밀을 찾아보라는 듯 하다.

프로이트의 성애 이론으로 그림을 해석할 수도 있다.
프로이트는 꿈을 무의식으로 들어가는 문으로 보았는데 이를 토대로 본다면 제목을 특별히 '꿈'이라고 명시한 이 그림은 앙리

루소가 평소 꿈꾸었던 본능이 들어있는 것이다.

피리 부는 사람과 뱀의 관계도 서로 성적인 유혹이 있다. 피리 부는 사람이 뱀을 유혹하여 여자에게 가까이 다가가는 것이다.[11] 즉 피리 부는 사람은 뱀이라는 중간자를 통해 여자를 유혹하는 것이다.

뱀은 양면적인 이미지를 가진 동물이다. 전통적인 해석으로는 뱀을 악의 화신으로 보고 두려워하지만 영지주의학파에서는 뱀을 지혜의 상징으로 보고 영험하게 생각하여 숭배하기도 했다.

그렇게 본다면 〈꿈〉 그림은 만남과 결합, 탄생과 순환에 대한 그림이다. 현실과 꿈의 만남, 문명과 원시의 만남, 악과 지혜의 만남이 이 그림에 있고 정글 속에서 이 세상을 지탱하고 나갈 위대한 생명의 탄생이 무수히 일어나고 있고 대자연의 순환이 일어나고 있는 것이다.

선과 악은 분리해서 이분법적으로 생각할 수 없고 원시와 자연 선과 악은 분리해서 이분법적으로 생각할 수 없고 원시와 자연도 분리될 수 없다. 한 사람 안에 선과 악이 동시에 있고 원시와 자연의 조화가 중요한 것이다.

맹수인 사자는 아이처럼 순한 얼굴로 천진하게 이 장면을 바라보고 있는 것이다.

---

11) 로니 슈나이더 애덤스 박은영 번역, 『미술사 방법론』, 서울하우스, 2014, 9 정신분석:프로이트

그림에 나오는 풀의 모양도 실제와 똑같지 않고 다르게 변형시
켰다. 잎사귀들이 아주 디테일하여 리얼하다. 이 잎사귀는 식물
도감을 보고 그린 것인데 그대로 그린 것이 아니고 약간씩 변형
시켜 새로 창조했다고 한다. 꽃도 루소가 창조한, 이 세상에 없
는 꽃이다.

실제로 식물학자의 감정 결과 루소가 그린 식물은 실제로 존재
하는 식물은 하나도 없다.

자기만의 기법으로 가져왔기에 하늘 아래 새로운 것은 없고 모
방은 창조의 어머니라는 말을 루소가 증명하고 있다.

이 세상에 없는 것을 만들어내는 것이 예술 정신이라고 한다면
루소는 진정한 예술가인 것이다.

실제 정글은 아주 위험한 장소이다. 그러나 꿈 속에서의 정글

은 현실을 뛰어넘었다. 다르게 표현하면 초현실이다. 천진한 동화 같은 세계이다.

이국적인 식물을 보고 있으면 마치 꿈을 꾸고 있는 것 같다. 내가 다른 사람이 된 것 같다. 그러고 보면 정글은 마취제이고 환각제이다.

우리가 태어나서 원시림에 언제 한 번 가볼 수 있을까? 어디서 튀어나올지 모르는 야생동물과 전염병, 먹을 것, 잘 곳 등 여러 가지 걱정 때문에 한 번도 원시림에 가보지 못하고 죽을 수도 있을 것이다.

이 그림으로 대리만족을 하면서 이 그림의 주조색인 초록색에 대해 생각해보자. 이 그림은 초록색의 잔치이다. 초록색의 종류가 이렇게 많은지 새삼 놀랍다.

초록색은 자연의 색이다. 우리가 숲에 가면 심신이 안정되는데 공기의 원인도 있지만 색채의 원인도 있다. 초록색은 스트레스를 해소시켜 주고 안정과 평안을 준다.

실생활의 인테리어를 응용하여 병원을 연두나 초록으로 디자인하면 환자들이 편안한 마음을 갖고 치유가 빠르다.

루소는 1889년 파리 만국박람회에서 아프리카와 멕시코의 열대식물을 보고 나서 모티브를 얻어 이후로 밀림 그림을 많이 그렸다. 루소가 밀림 그림을 20여점이나 그린 것을 보면 루소의 꿈은 밀림에 가보는 것이 틀림없다. 그러나 그는 실제로 밀림에는 한 번도 가보지 않았다. 그는 멕시코에 가 보았다고 주장했지만 루소는 멕시코에 파병 1년이 지난 후에 입대했다. 루소는 아마도 멕시코에 갔다 온 병사의 이야기를 듣고 그렸을 것이다.

앙리 루소가 말년에 그린 이 그림을 앙데팡당전에 출품하여 비평가들로부터 찬사를 받았다.

루소는 이 그림을 끝으로 하늘로 돌아갔는데 루소는 이 세상의 소풍을 끝내고 돌아갈 곳을 미리 생각해 둔 것은 아닐까?

앙리 루소는 뱀을 마음대로 부릴 수 있는 환상적인 천국을 꿈꾸며 나이가 들어도 마음만큼은 늙지 않았음을 보여준다.

명화와 대화하는 색채 심리학

지 은 이 이지현
펴 낸 이 김홍열
기　　획 김기하
디 자 인 김예나, 윤덕순

초판발행 2017년 10월 18일
2쇄 인쇄 2021년 6월 6일
펴 낸 곳 율도국
주　　소 서울시 도봉구 도봉동 609-32 (3층)
출판등록 2008년 07월 31일
전　　화 02) 3297-2027
팩　　스 0505-868-6565
홈페이지 http://www.uldo.co.kr
메　　일 uldokim@hanmail.net

※ 가격은 뒤표지에 있습니다.

ISBN 979-11-87911-16-6